房地产实战营销丛书

房地产经纪人
实战经验100招

余源鹏　主编

机械工业出版社
CHINA MACHINE PRESS

本书是房地产经纪人全面掌握各项业务技能的必备书籍,从掌握房源、推荐房源、有效看房、谈价技巧、签订合同、后续手续、售后服务、职业要求等八个角度提供100个房地产经纪人常用的方法技巧,案例丰富、易学易懂,是一本快速提升房地产经纪人业务技能的实用参考书和快速提高销售业绩的实战宝典,亦是从事二手房租售业务的房地产中介机构对员工进行培训的优秀教材。

图书在版编目（CIP）数据

房地产经纪人实战经验100招/余源鹏主编. —北京：机械工业出版社，2017.12（2025.2重印）

（房地产实战营销丛书）

ISBN 978-7-111-58436-0

Ⅰ.①房⋯ Ⅱ.①余⋯ Ⅲ.①房地产业—经纪人—基本知识 Ⅳ.①F293.3

中国版本图书馆CIP数据核字（2017）第276348号

机械工业出版社（北京市百万庄大街22号　邮政编码100037）
策划编辑：赵　荣　　责任编辑：赵　荣　张维欣
责任校对：王　欣　　封面设计：张　静
责任印制：单爱军
北京虎彩文化传播有限公司印刷
2025年2月第1版第6次印刷
184mm×260mm·13.5印张·186千字
标准书号：ISBN 978-7-111-58436-0
定价：39.00元

凡购本书，如有缺页、倒页、脱页，由本社发行部调换

电话服务	网络服务
服务咨询热线：010-88361066	机 工 官 网：www.cmpbook.com
读者购书热线：010-68326294	机 工 官 博：weibo.com/cmp1952
010-88379203	金　书　网：www.golden-book.com
封面无防伪标均为盗版	教育服务网：www.cmpedu.com

本书编写人员

主　　编　余源鹏

策划顾问　广州市智南投资咨询有限公司

参编人员
陈秀玲	张　纯	谭玉婵	杨秀梅	崔美珍
方坤霞	陈思雅	梁嘉恩	叶志兴	谭嘉媚
杨逸婷	张家进	陈　铠	唐璟怡	蔡燕珊
李惠东	吴丽锋	陈晓冬	夏　庆	罗慧敏
余鑫泉	刘雁玲	黎敏慧	罗宇玉	奚　艳
杜志杰	朱嘉蕾	马新芸	林旭生	刘丹霞
林敏玲	莫润冰	黄志英	林煜嘉	陈小哲
徐炎银	段　萍	胡银辉	蒋祥初	吴东平
罗　艳	李苑茹	黄佳萍	曾秀丰	郑敏珠
齐　宇	黎淑娟	王旭丹	邓祝庆	黄　颖
林达愿	聂翠萍	何彤欣	刘俊琼	罗鹏诗
魏玲玲	陈若兰	肖文敏		

信息支持：智地网　www.eaky.com

前　言

　　随着二手房交易量的日益攀升，在部分城市其交易额已经超过一手房，房地产中介行业因此有了广阔的发展空间，也吸引了越来越多的人士进入这个行业。然而由于房地产中介行业的进入门槛低，无论什么学历或专业、年龄层次的人都可以成为一名房地产经纪人，这使得房地产经纪人之间的竞争日趋激烈。

　　为了能在竞争激烈的环境中脱颖而出，房地产经纪人需要掌握充实的专业知识，并不断提升自身的业务技能以灵活应对工作过程中可能遇到的问题。为此，我们借鉴总结众多优秀房地产经纪人在处理日常业务过程中常用的100个技巧方法，编写了这本《房地产经纪人实战经验100招》，希望可以帮助更多的房地产经纪人提升自身业务水平，提高销售业绩。

　　本书按照房地产经纪人的业务流程分成8章编写，这8章的内容包括：

　　第1章，掌握充足的房源客源。主要讲述房地产经纪人多渠道获取新房源、说服业主放盘、签独家、拿钥匙、灵活应对不同业主放盘等的方法技巧。

　　第2章，了解客户需求，准确推荐房源。主要讲述房地产经纪人把握客户关心的利益点、摸清客户购房动机、如实巧妙告知客户房源的优劣势等的方法技巧。

　　第3章，有效带客看房，消除客户异议。主要讲述房地产经纪人协调双方看房时间、提前告知双方配合房地产经纪人、防止业主客户私下成交、处理客户异议等的方法技巧。

　　第4章，掌握谈价技巧，促成交易。主要讲述房地产经纪人应对客户以各种理由要求降价、引导客户下诚意金、降低业主心理价位、成功进行价格谈判等的方法技巧。

　　第5章，顺利签订合同，收齐佣金。主要讲述房地产经纪人引导客户快速下定金、劝说业主尽快收定金、应对业主收定金后提高价格或将物业进行抵押、应对签约过程中双方对合同的异议、让客户心甘情愿支付全额佣金等技巧方法。

第6章，办理后续交易手续，保障物业顺利交接。主要讲述房地产经纪人协助客户申请办理按揭手续、约好双方顺利办理过户、灵活处理交房时业主欠费或将承诺赠送的家私电器搬走等的方法技巧。

第7章，提供售后服务，持续长久稳定的客户关系。主要讲述房地产经纪人提供良好的售后服务、进行有效的客户回访等的方法技巧。

第8章，掌握基本职业要求，保持积极工作心态。主要讲述房地产经纪人需要具备的职业道德素质、专业知识、综合业务能力、礼仪规范以及积极乐观的工作状态等内容。

本书的编写具有以下六个特点：

第一，实操性。本书一如既往地保持我们编写房地产图书的实战性风格，力求通过对众多优秀房地产经纪人的成功经验的借鉴总结，提供给读者在日常工作中最常用的100个要诀。

第二，全面性。本书全面详细地讲述了房地产经纪人从掌握充足的房源客源到后期办理交易过户手续整个流程的实战技巧，全方面提升房地产经纪人的工作技能。

第三，可操作性。本书所编写的各种方法技巧均具有可操作性，房地产经纪人一看便可快速掌握其要领。

第四，简明易懂性。由于房地产经纪人日常工作繁忙，简明到位的表述既有助于读者理解并快速掌握该项技巧，又可以节省读者的时间和精力。本书正是出于这一方面的考虑，在语言表达上尽量做到通俗易懂，即使是刚进入房地产中介行业的经纪人也能充分理解作者想表达的意思，从而更快更好地将一些常用的技巧运用到日常的业务中去。

第五，工具性。本书按照房地产经纪人开展业务的工作流程分章编写，并引用众多成功房地产经纪人应对日常工作中常见问题的方法技巧。读者在工作上遇到问题时，可以直接在书中对应章节找到相应的内容进行参考借鉴。

第六，时效性。本书编写的内容都是根据新的政策与相关的法律法规进行编写，希望可以给读者现时的工作带来有用的参考价值。

本书是房地产经纪人全面掌握各项业务技能的必备书籍，是房地产经纪人快速提升销售业绩和职业晋升的宝典；是非常适合作为从事二手房租售业务的房地产中介机构对员工进行培训的优秀教材。

本书也适合从事房地产中介服务的咨询、策划、估价等业务的人士，以及购房置业人士，房地产相关专业的师生阅读。

本书编写过程中，得到了广州市智南投资咨询有限公司相关同仁以及业内部分专业人士的支持和帮助，才使得本书能及时与读者见面。本书是我们编写的"房地产实战营销丛书"中针对房地产中介经纪行业系列丛书中的一本，有关房地产经纪行业的其他相关的实战性知识以及有关房地产营销各环节的实战性知识，请读者们参阅我们陆续编写出版的其他书籍，也请广大读者们对我们所编写的书籍提出宝贵建议和指正意见。对此，编者们将十分感激。

目 录

前言

第1章 掌握充足的房源客源

第1节 掌握充足的房源

第1招 多渠道获取新房源 / 2

第2招 取得业主信任,说服业主放盘 / 5

第3招 签独家,拿钥匙、掌握房源 / 6

第4招 灵活应对不同类型业主放盘 / 7

第5招 详细记录房源信息,准确估价 / 8

第6招 明晰房屋产权,防范风险 / 9

第2节 掌握充足的客源

第7招 综合采用多种方法开发客源 / 10

第8招 有效利用网络推广,获取客户资源 / 11

第9招 获取客户信赖,提升客户忠诚度 / 13

第10招 巧妙辨别真假客户,防止同行探盘 / 14

第2章 了解客户需求,准确推荐房源

第1节 观察客户,了解客户真实需求

第11招 把握客户关心的利益点 / 16

第12招 正确发问,摸清客户购房动机 / 17

第13招 判断客户类型,采取不同应对技巧 / 18

第14招 善于观察客户,捕捉客户信息 / 23

第2节 准确推荐房源,刺激客户购房冲动

第15招 如实推荐房源,刺激客户购房冲动 / 24

第16招 明确客户购房动机,准确推销房源 / 27

第17招 做足充分准备,有效进行电话推销 / 28

第3章 有效带客看房，消除客户异议

第1节 带客看房前的准备工作

第 18 招 提前预约，协调双方看房时间 / 30

第 19 招 合理安排带看路线与顺序，备齐物品 / 30

第 20 招 提前告诉业主做好配合 / 31

第 21 招 提醒客户不当场与业主谈价 / 32

第 22 招 说服客户签看房委托书 / 32

第2节 把握带看时机，促成交易

第 23 招 把握看房时机，加强客户购房意愿 / 33

第 24 招 灵活处理业主迟到或失约 / 34

第 25 招 提高警惕，防止业主客户私下成交 / 35

第 26 招 保障自身安全，做好防范措施 / 35

第 27 招 营造紧张氛围，传递客户紧迫感 / 36

第3节 消除客户异议

第 28 招 深入了解客户产生异议的原因 / 36

第 29 招 辨别客户提出异议的真假 / 37

第 30 招 掌握处理客户异议的常用方法 / 37

第 31 招 针对不同类型异议的应对策略 / 38

第4章 掌握谈价技巧，促成交易

第1节 与客户谈价的技巧

第 32 招 应对客户要求直接跟业主谈价的有效策略 / 42

第 33 招 分析客户不出价原因，引导客户出价 / 43

第 34 招 坚定立场，不轻易让价 / 43

第 35 招 面对客户以各种理由要求降价的应对技巧 / 44

第 36 招 应对客户咬定一个价格，高了就不买的策略 / 47

第 37 招 巧妙引导客户下诚意金 / 47

第2节 与业主谈价的技巧

第 38 招 运用多种方法降低业主心理价位 / 49

- 第39招　掌握面对不同类型业主的谈价技巧 / 51
- 第40招　应对业主涨价的策略 / 52
- 第41招　有效引导业主低于底价出售 / 53

第3节　双方进行价格谈判的技巧

- 第42招　明确价格谈判的原则 / 54
- 第43招　掌握价格谈判的一般步骤 / 55
- 第44招　取得双方信任，保持中立，解决分歧 / 56
- 第45招　调节气氛，避免双方陷入僵局 / 56
- 第46招　进行价格谈判的成功要领 / 57

第5章　顺利签订合同，收齐佣金

第1节　解决双方对交易手续的疑虑

- 第47招　为客户设计合适的付款方式 / 60
- 第48招　有效说服业主同意按揭付款的方式 / 61
- 第49招　协助业主尽快办理提前还款手续 / 62
- 第50招　准确计算并明确告知双方所应缴纳的税费 / 62

第2节　说服客户下定金

- 第51招　留意客户成交信号，把握下定金的时机 / 63
- 第52招　引导有强烈购买意向的客户快速下定金 / 63
- 第53招　引导犹豫不决的客户下定金 / 64
- 第54招　解答客户对交定金的疑问 / 65
- 第55招　劝说业主尽快收下定金 / 65
- 第56招　应对业主要求客户支付高额定金 / 66
- 第57招　规避业主收定金时的常见风险 / 66
- 第58招　应对业主收取定金后提高价格 / 67
- 第59招　应对业主收取定金后将物业进行抵押 / 67
- 第60招　应对客户在交定金后以各种理由要求退定金 / 68
- 第61招　应对同一套房子有多个客户要下定金 / 69

第3节　约双方见面签订合同

第62招 做足签约前的准备工作 / 69
第63招 客户下定金后却迟迟不来签约的应对技巧 / 70
第64招 向双方解释合同，迅速签约 / 70
第65招 签约过程中双方要求改动或添加合同条款的应对方法 / 71
第66招 双方要求报低价的正确处理方法 / 72
第67招 协调解决因合同条款约定不明而出现的纠纷 / 72
第68招 应对双方以各种理由要求取消合同的技巧 / 73

第4节 收取足额佣金

第69招 让客户心甘情愿地支付佣金 / 74
第70招 有效消除客户对公司收佣金过高的心理 / 74
第71招 灵活应对客户要求减少佣金 / 75
第72招 明确佣金支付时间 / 76
第73招 应对客户想跳过公司跟房地产经纪人私下成交 / 76

第6章 办理后续交易手续，保障物业顺利交接

第1节 办理后续交易手续

第74招 明确告知交易流程，确保双方安全交易 / 78
第75招 协助客户申请办理银行贷款 / 79
第76招 应对客户由于自身原因申请不到银行贷款 / 80
第77招 业主不按约定时间办理过户的应对策略 / 80
第78招 在过户之前税费发生变化的应对策略 / 80
第79招 客户不愿意支付过户手续费用的应对策略 / 81

第2节 做好物业交接工作

第80招 应对业主不如期交房的技巧 / 82
第81招 应对客户要求提前入住的技巧 / 82
第82招 客户留存押金，避免业主欠费 / 83
第83招 灵活处理业主将承诺赠送的家私电器搬走 / 83
第84招 交房时相关利益人不搬出的应对策略 / 84

第7章 提供售后服务，持续长久稳定的客户关系

第1节 提供良好的售后服务

第85招 做好全面的售后服务／86

第86招 协调解决租客入住后与业主的纠纷／87

第2节 进行有效的客户回访

第87招 回访前做好客户细分工作／88

第88招 建立详细的客户档案／88

第89招 确定合适的回访时机／89

第90招 采用合适的回访方式／89

第91招 有效进行电话回访的要点／90

第92招 正确对待回访时客户的抱怨／90

第8章 掌握基本职业要求，保持积极工作心态

第1节 房地产经纪人基本的职业要求

第93招 具备良好的职业道德素质／92

第94招 掌握充分的专业知识／93

第95招 全面提高综合业务能力／95

第96招 改善错误的说话方式／97

第97招 养成良好的日常工作习惯／100

第98招 掌握标准的礼仪规范／101

第2节 调整不良心态，保持积极的工作状态

第99招 时刻保持积极客观的心态工作／104

第100招 掌握有效调节各种消极心态的方法／106

第9章 房地产经纪人常用名词、文书范例、相关法律法规

第1节 房地产经纪人的常用名词

1. 有关房地产与房地产市场的名词／108

2. 有关房屋的名词／111

3. 有关建筑规划的名词／121

4. 有关房屋面积的名词 / 133

　　5. 有关房地产中介服务的名词 / 136

　　6. 有关房地产经纪的名词 / 139

　　7. 有关房地产交易的名词 / 143

　　8. 有关房地产产权与产权登记的名词 / 145

　　9. 有关按揭贷款的名词 / 151

　　10. 有关房地产交易税费的名词 / 154

第2节　房地产经纪人常用文书参考范例

　　1. 独家委托书 / 157

　　2. 看房委托书 / 159

　　3. 房地产买卖合同 / 160

　　4. 房屋租赁合同 / 171

　　5. 房屋家私电器清单 / 177

　　6. 房屋钥匙收据 / 178

　　7. 客户信息登记表 / 178

　　8. 来电客户信息登记表 / 179

　　9. 求购客户登记跟进表 / 180

第3节　房地产中介相关的法律法规

　　1. 房地产经纪管理办法（2016年版）/ 181

　　2. 关于房地产中介服务收费的通知（1995年版）/ 188

　　3. 中华人民共和国城市房地产管理法（2007版）/ 191

第1章

掌握充足的房源客源

- 掌握充足的房源
- 掌握充足的客源

充足的房源客源是房地产经纪人成交的基础，但由于房地产中介竞争激烈，很多房地产经纪人会面临房源客源稀缺等的问题，本章将对房地产经纪人如何应对此类问题的相关技巧方法进行介绍。

第1节　掌握充足的房源

房地产经纪人应积极主动通过多种渠道开拓新房源，并与业主建立信任，争取通过与业主签独家委托、拿钥匙、上门面谈估价等方法更好地掌握房源。

第1招　多渠道获取新房源

房地产经纪人获取新房源除了等待业主上门放盘之外，还应积极寻找其他途径开拓更多的房源，比如通过电话、短信询问业主是否放盘；利用人际关系开发房源；综合运用网络、报纸、贴条等工具获取房源；从同行或客户口中获得房源等。

（1）等待业主上门放盘。

（2）通过电话、短信询问业主是否放盘。

1）电话

房地产经纪人通过电话咨询业主的房子是否需要出售或出租时，可以采用以下的几种提问方式：

①"您好，打扰一下，请问您××小区的房子有考虑出售吗？"

② "您好，打扰了，我是××房产公司的，现在我们手上有一个客户，就想要您这种户型的房子，不知道您是否有意出售？"

③ "您好，我是××房产公司的××，我专门负责××小区的二手房交易，请问您在这方面有需要咨询的吗？"

④ "您好，现在××小区刚出来一套非常超值的三房，单价仅售××万元，请问您现在考虑换房吗？那您××小区的房子考虑卖吗？"

⑤ "我从保安那里听说您家房子在卖，我是个人购房，想看看房子，请问六点方便吗？"

一般情况下，业主接到房地产经纪人询问放盘的电话会有以下几种反应，房地产经纪人应在打电话前掌握面对业主不同反应的应对技巧：

① 业主咨询房价

面对咨询房价的业主，为了加深业主对房地产经纪人的印象，房地产经纪人应争取和业主面谈看房，并争取签独家委托。房地产经纪人一般可以先这样说："我们最近刚成交一套这个小区的房子，××万元（低于市场价）。"以此来看出业主对市场的了解程度，然后，房地产经纪人可以说："那我能不能过去看看您的房子，因为每个房子的户型、朝向、景观、装修和房子的损耗程度不同价位也有高低，以我们的经验，可以先给您个参考价位。"

② 业主不卖，想了解市场行情

面对不想卖房，但想了解一下市场行情的业主，房地产经纪人应把握好机会说服业主抓紧当下时机出售房子，比如，房地产经纪人可以这样说："现在市场非常适合卖房子，客户也非常多，您的户型现在也非常热销，现在国家的政策也非常有利于二手房的销售，以后的房价谁也说不准，现在卖房是最合适的。"

③ 业主挂电话、训人

面对挂电话、训人等态度的业主，房地产经纪人可以直接挂断电话，或者说自己打错了，故意报错信息，或者可以说是在网上找的，具体的也忘记了，是随便打的。

2）短信

房地产经纪人通过短信咨询业主的房子是否需要出售或出租时，可以采用以下的询问方式：

①"您好，我现在有客户就想考虑在本小区买套三居室，绝对能接受市场价，您有考虑出售吗？全款买房。"

②"您好，我是××房产公司的资深房地产经纪人，目前手上有一批固定租客，如果您的房子考虑出租或者租期快到的，请您把起租日期和租金发到我的这个手机上，我会及时帮您出租房屋的。"

（3）利用人际关系开发房源

1）房地产经纪人可以和物业管理人员接触，套出房源，并和物管公司合作达成协议。比如，房地产经纪人可以说："如果你们小区有房子要卖/租请交给我，房子卖/租出后分红。"

2）通过现有的客户或老客户，让他们提供更多的房源。

3）通过亲朋好友，过去的同事同学等圈子介绍。

4）利用与外界的人接触的任何一个机会开发房源，如经常在聚会和交往时散发名片，印一些小印刷品散发等。

（4）综合运用网络、报纸、贴条等工具获取房源

一方面，房地产经纪人可以通过网络、报纸或小区张贴的房源广告等渠道寻找房源信息。另一方面，可以利用这些渠道发布求租、求购信息，如"本人急需一套房子"等。

（5）从同行或客户口中获得房源

1）从其他房地产中介公司那里获得一些房源，比如从对方的DM单、广告牌、对方那里来的客户口中得知目标房源的一些信息。

2）房地产经纪人的流动性特别强，不少人在换行后手里都有大把资源，房地产经纪人可以利用。

3）其他房产中介公司的有效资源，以客户名义或上门打探房源的地址，上门拜访。

第 2 招　取得业主信任，说服业主放盘

针对有些业主怕房产中介骚扰，或怕中介在中间吃差价，或对公司的资质服务有所质疑而不想委托中介出售或出租房屋时，房地产经纪人在一开始与业主接触时就应争取获得业主的信任，说服业主将房源委托给中介公司操作，并乘机争取和业主签独家委托，具体可以参考以下的几种方法：

（1）如实礼貌地告知业主，自己是专业正规的中介公司房地产经纪人，房子是大件商品，因为业主不是专业人员，可能对市场的行情和定价不是很熟悉，如果定高了，卖不出去，定低了，业主会有很大损失。

（2）业主的销售渠道和销售手段没有中介公司多，议价方法与定价策略也没有房地产经纪人专业。告诉业主如果靠自己发布消息，房子可能在相当长的时间里卖不出去。

（3）房子交易是一个繁琐的流程，牵扯到很多相关证件，如果业主不好好把关，不熟悉流程可能会出现纠纷甚至是上当受骗。那样业主就得不偿失了。同样，作为客户一方，也有同样的忧虑，确定第三方沟通协调，就会出现僵局。

（4）有了中介公司，双方都有个信任度。款项和房屋的交接都由中介公司来完成，这样可以节约双方大量的时间和精力。

（5）业主无需付中介服务费用，中介费用由买主承担。

（6）对于比较重视公司和房地产经纪人资质的业主，房地产经纪人在跟其交谈时不去诋毁别的公司，重点可以介绍公司的服务特色，比如公司强调交易安全，实行先产权调查再签订交易合同，确保产权真实性。公司专业性强，有法律专员负责为双方拟定交易合同，收费透明，收取固定比例佣金，不赚差价等，最后可以介绍一下房地产经纪人自己的优势。

（7）对业主的物业提出一些合理化的建议，比如怎么样可以使房子迅速高价地售出，以此建立一定的信任度。

（8）面对想过段时间房价涨了再出售或出租的业主，房地产经纪人可

以表示对业主的想法的理解，但同时要跟业主解释清楚房价的涨跌趋势，尽可能说服业主现在就把房子委托给中介。比如，房地产经纪人可以这样说："房价会不会再涨，主要取决于以下两个因素：一是周围的楼盘存量。目前您的房产所在的区域，××楼盘正在出售、××楼盘即将封顶，可以说，这么大的供应量和选择余地使这一区域的楼盘在最近几年很难上升。二是要看政府出台的相关政策，比如是否对房价进行调控或对房子所在区域是否有新的规划政策。"

第3招　签独家，拿钥匙、掌握房源

为了能顺利地跟业主签独家和拿到房源钥匙，房地产经纪人应向业主阐述签独家和留钥匙对其的好处。

（1）签独家

在说服业主签独家委托时，房地产经纪人可以重点从以下几个方面阐述签独家委托的好处：

1）业主可以享受免费的报纸广告、贴条广告，房地产经纪人还会把业主的房源发布到各种网站。由于公司上门客户数量多，因此房子会得到大范围的有力宣传。

2）能为业主把握好房价，使业主享受最高的销售价位，避免多家委托造成买方到各家中介公司连环压价，损害业主的利益和避免不必要的电话骚扰，浪费业主时间。

3）公司会为业主提供售前反馈信息和优质的售后服务，成交后会为他代办一切手续，为其节省时间和精力。

4）公司会保证透明交易，不会出现溢价行为。其实各家中介公司的服务都大同小异。可以同业主设定一个委托期限，如果在此期限内房源无法卖出，他还可以委托下一家。

5）避免有多家中介的客户要求购买该套房源，容易引起不必要的纠纷。

(2）拿钥匙

大多数业主由于不放心将钥匙留给中介公司而不会主动留下房源钥匙，如果是空房的话，房地产经纪人应尽量说服业主将钥匙留下，一般可以从以下三个角度跟业主分析留下钥匙的好处：

1）留下房源钥匙也是会有保障的

房地产经纪人跟业主说明在看房之前，公司会登记是哪间分店，哪个房地产经纪人，什么时间借出，什么时候归还等信息，这样操作对委托房源有保障。

2）节省业主时间

如果业主平时比较忙，房地产经纪人可以跟业主说明如果把钥匙放在公司，可以节省他的看房时间，不用每次都得麻烦他过来开门。

3）留下钥匙可以更快成交

房地产经纪人可以从以下两方面向业主解释留下钥匙会使成交率更高：

① 通常有钥匙的房源看房方便会较快售/租出。

② 如果业主并未住在附近，则较难安排预约看房，会失去很多售/租出的机会。

第4招　灵活应对不同类型业主放盘

当有业主上门放盘时，房地产经纪人首先应辨别是否是真实的业主，是哪种类型的业主，然后再有针对性地来采取相应的应对技巧。

（1）直接放盘的业主

面对直接放盘的业主，房地产经纪人要详细咨询业主房子的具体情况，登记房子产权、面积、朝向、价格、房号、联系方式、看房时间等信息，并争取当场看房机会，和业主做进一步沟通，加深感情。

（2）可买可租型的业主

面对可卖可租型的业主，房地产经纪人一定要给业主信心，让他知道目前市场行情好，好卖且价格高，自己手上积累了很多可以买房的诚意客户，是个卖房的好时机，比租房赚得快，并举例说明某投资户，几年赚了多少，如果有超值的房子可以再推给他，让他换房子，赚差价，顺便了解业主的房号、房子的具体情况、联系方式等。

（3）先买后卖的业主

面对想先买后卖的业主，房地产经纪人可以先跟业主分析目前的市场行情，劝说业主先卖后买，比如："现在的市场非常适合卖房，如果现在您把房子卖了，不仅能卖个好价钱，而且现金在手，就可以买到比较中意的房子。"

（4）身份不明的人

这种人可能是业主冒充客户探价，也可能是客户冒充业主，还有可能是其他房产中介公司的人，这要凭房地产经纪人的敏锐度来判断真伪。面对身份不明的人，房地产经纪人可以比较含糊地应对，比如："根据配套不同，装修标准的高低，房子的耗损程度等，价位会有不同，您是要买房还是要卖房呢？"

第5招　详细记录房源信息，准确估价

当业主要求房地产经纪人给房子进行估价时，房地产经纪人首先需要详细了解并记录好房源的具体情况，主要包括：

（1）房屋的基本情况

房号、户型、朝向、楼层、建筑面积、管理费、装修情况等。

（2）物业产权

1）产权年限：从开发商买地时算起，住宅一般为70年，商住为50年。

2）楼龄：从竣工时间起算。

3）权利人：个人拥有；夫妻共有；公司、团体所有；外籍人士拥有。

4）物业现状：有无抵押、纠纷；空置房；是否有人住；业主自住还是租户住。

然后，房地产经纪人可以约好业主上门评估，这样既可以更准确地估算

价格，又可以让业主感受到房地产经纪人周到的服务。

在进行上门估价时，房地产经纪人需要注意以下事项：

（1）经业主许可之后拍照记录，包括客厅、卧室、卫生间、阳台和阳台风景、厨房等。

（2）时间把握在20分钟左右，不要过长。

（3）不要冷落业主的其他家庭成员，要亲切地招呼或寒暄，记住给每个人留下一个好印象。

（4）要和业主产生共鸣，说话的语气，节奏要和业主一致，谈话的内容要业主认可，适当赞赏业主房子的布局和装修。

（5）称呼要亲切，大哥大姐、叔叔阿姨、大伯大妈等。

（6）告知业主对于这套房源房地产经纪人将做出怎样的销售计划，给业主以希望。

（7）专业度要尽可能地展示。不懂的问题不要敷衍，可以说"这种情况各有各的不同，我回去查一下再告诉您。"

（8）走的时候也要和业主及所有家庭成员招呼告别，告别时要致以歉意，打搅业主这么长时间。

（9）把自己动过的地方收拾一下。

第6招　明晰房屋产权，防范风险

在接受业主委托时，房地产经纪人就应对该房源的产权及真实性进行验证，避免房屋无法交易而浪费各方的时间和精力。

首先，房地产经纪人需要确认该二手房是否有产权证、是否存在抵押、查封或其他权利限制情况。

另外，当发现业主瞒着其他产权共有人出售房子时，房地产经纪人可以礼貌地暗示业主这种做法的不妥，同时指出过户的时候，需要共用产权人到场，或者出示公证过的全权委托书，没有这些手续，无法完成交易，而且还要承担违约责任，让业主先回家征得共用产权人的同意。

第2节 掌握充足的客源

为了掌握充足的客源,房地产经纪人应综合采用多种开发客源的方法,并在和客户的接触过程中取得客户的信赖,提高客户的忠诚度,建立良好的客户关系。

第7招 综合采用多种方法开发客源

房地产经纪人除了在门店等待和接待好上门咨询的客户之外,还需要掌握多种方法去开发更多的客源,如利用网络、报纸等广告宣传方式、利用人际关系网络、交叉合作等方法。

(1)门店开发

门店开发是房地产经纪人开发客源最为普通的方式,如果客户在门店外驻足停留,房地产经纪人必须在10秒钟内,主动接待客户,递出名片,介绍自己,寻问客户的需求,并尽可能让客户进入店内,提供给客户所需要的信息,并留下客户的姓名,联系方式和需求信息。

(2)广告宣传

通过派发传单、网络推广、报纸等广告宣传方式招揽客户。

(3)利用人际关系网络

善于利用各种关系,争取利用他们自身的优势和有效渠道,协助寻找客户。一方面可以利用各种亲朋好友关系,另一方面可以利用老客户及其关系,让老客户现身说法,不断寻找和争取新的客户,层层扩展,像滚雪球一样,使客户队伍不断发展扩大。具体可以参考以下做法:

1)加强客户对房地产经纪人的信任。建立信任是很重要的,因为客户总是从房地产经纪人介绍的房源和提供的服务对他们产生的利害关系,去判断是否值得为房地产经纪人引荐新客户。因此,房地产经纪人必须强调这样做能给他们带来的好处。

2）在得到了新客户的名字，并获得尽可能多的信息后，房地产经纪人可以开始对每一个新客户做资格认定。对新客户越了解，会面时越容易达成共识。

3）审定了新客户的资格后，如果觉得新客户可能存在购房需求的话，可以寻求老客户的帮助，与新客户接触。在做出这样的请求前，首先必须加强与老客户的关系。在信任已经建立的前提下，也就不怕因为坚持要求引荐而使他反感。

4）在成功引见之后，感谢老客户的好意。

5）对于引见和成交的结果要及时告知客户，但在通告新客户的最新情况时，记住要尊重新客户的隐私。

（4）交叉合作

不同行业的房地产经纪人（如保险等）都具有人面广、市场信息灵通等的优势，房地产经纪人可利用这一点加强相互间的信息交换，互相推荐和介绍客户。

第8招　有效利用网络推广，获取客户资源

现在，通过网络了解房源信息的客户越来越多，为了能让自己发布的房源信息突出并吸引客户的注意，房地产经纪人在进行网络推广时，要重点做好以下几个方面的内容：

（1）借助不同平台发布房源信息

房地产经纪人可以通过建立公司或个人网站、利用各类房产网站、通信工具等发布房源信息。

（2）发布的房源数量要多

从客户的角度来看，他希望能看到很多供他选择的信息，所以房地产经纪人一定要勤快，应尽可能地把所能掌握的房源信息都发布出来。

（3）发布的房源信息要全面详细

如果房地产经纪人发布的信息很简单，客户从其发布的信息中并不能获取关于房源的详细信息，那么他肯定不会对发布的房源感兴趣。房地产经纪人重点可以从以下几个方面做好房源的描述：

1）房源信息的标题

标题写的越详细，那么客户越容易通过搜索引擎搜索到房地产经纪人的房源信息。只要有客户搜索到房地产经纪人的信息，那么就不愁没有客源了。

2）房源展示信息

客户通过网络来找房源信息就是为了方便省事，因为不需要去门店就可以详细了解房源信息。房地产经纪人应尽可能把房源各方面的情况都描述清楚，并多对房源发表一些自己的看法，客户会觉得更真实些。房地产经纪人发布的房源信息一般需要包括以下内容：

① 房源信息。对房源的户型、面积、朝向等特点进行分析。

② 小区评价。对于小区的交通、配套、环境等的分析。

③ 政策信息。从专业的角度对国家和地方政策进行解读。

④ 专业分析。对于投资回报率等的专业分析。

⑤ 市场分析。对全国市场和本地房产市场进行分析。

⑥ 中介服务理念。对于中介行业，个人和公司的服务理念等进行宣导。

⑦ 自我介绍。房地产经纪人从事中介行业的经验和精耕商圈的范围和优势，房地产经纪人心得和成交故事等。

3）图片

房地产经纪人在发布的房源信息中最好是能上传图片，这样客户对房源信息的了解会更加直观，有了图片信息，客户甚至可能都不要实地去看房了，有时候就会直接下单。所以房地产经纪人一定要尽可能地带上房源的图片信息。

（4）发布的房源时间要新

如果房地产经纪人发布的房源信息很久没更新，客户看到的房源信息是一个月之前的，那么客户可能会认为这套房子已经卖了，所以要经常更新一下发布的日期，这样客户就会觉得有新鲜感。

第9招　获取客户信赖，提升客户忠诚度

为获取客户的信赖，房地产经纪人从第一次与客户接触交流的时候就要把握时机，与客户建立良好的信任关系，提升客户忠诚度，留住客户，具体可以参考以下的做法：

（1）掌握正确的仪态要求

1）站立姿势正确，双手自然摆放，保持微笑，正向面对客户。

2）站立适当位置，掌握时机，主动与客户接近。

3）与客户谈话时，保持目光接触，精神集中。

4）慢慢退后，让客户随便参观。

（2）把握最佳的接近时机

当发现客户有下列动作时，房地产经纪人可以主动与客户接近：

1）当客户长时间凝视某个地方时。

2）当客户注视资料或房源图纸一段时间，把头抬起来时。

3）当客户突然停下脚步时。

4）当客户目光在搜寻时。

5）当客户与房地产经纪人目光相碰时。

6）当客户寻求房地产经纪人帮助时。

房地产经纪人应当自然地与客户寒暄，对客户表示欢迎。比如："您好！请随便看""有兴趣的话，我给您介绍一下我们的好房源"等。

（3）取得客户的信任

1）诚恳帮助客户解决问题，每一次交易的过程其实就是解决问题的过程。

2）热情、利索、高效、勤力，愿为客户吃苦。成交或不成交不是最重要，取得客户的认同才是最重要。

3）专心为客户服务，让客户感觉到房地产经纪人是把他放在第一位，

不接其他无关电话，不说其他无关事情。

第10招　巧妙辨别真假客户，防止同行探盘

由于房地产中介竞争激烈，有些房地产经纪人可能会伪装成客户前去其他公司打探房源。这类型的客户一般具有以下的特点：

（1）一般比较喜欢紧俏地段及容易脱手的楼层和户型。

（2）看房的时间非常随意，即使是正常的上班时间也愿意安排看房。

面对这种类型客户，房地产经纪人应根据自己的经验，并可以通过以下技巧加以辨别：

（1）若有电话询问，要留意对方语气是不是很快以及对方是否很熟悉该区房源。

（2）听听对方电话那边是否有杂音或讲房地产事宜。

（3）询问对方是否已看过该区房源，意见如何，并观察对方的反应。

第 2 章

了解客户需求,准确推荐房源

- 观察客户,了解客户真实需求
- 准确推荐房源,刺激客户购买冲动

为了有目的性地向客户推荐合适的房源,房地产经纪人首先需要了解客户的类型特点并掌握客户购房或租房的真实需求。

第1节 观察客户,了解客户真实需求

房地产经纪人可以通过掌握正确的发问技巧和对客户的动作表情等进行细致的观察,以此来了解客户内心的真实需求。

❀ 第11招 把握客户关心的利益点

客户购房关心的利益点因人而异,房地产经纪人只有把握好客户关心的利益点所在,才能准确地向客户推荐合适的房源。客户关心的利益点一般包括投资价值、居住的舒适性、方便性、安全性等,具体如下:

(1)投资:购买房屋可以保值、增值。

(2)方便:上班、上学、购物的方便性。

(3)居住品质:空气新鲜、安静、多功能。

(4)安全:保安设施、大楼管理员配置。

(5)社会地位:附近都有政商名流居住,能代表个人的社会地位。

(6)智能化程度:智能化住宅、电子监控系统、远程抄表、宽带网络等设备配套。

(7)价格:价格的比较让客户认为买这套房子值。

(8)售后服务:售后服务可以满足客户的安全心理。

第 12 招　正确发问，摸清客户购房动机

不同类型客户的购买动机不同，房地产经纪人应避免在不清楚客户购房需求的情况下就开始介绍房源。为了挖掘客户的真实需求，房地产经纪人应掌握正确的发问技巧。

(1) 常用的提问问题类型

房地产经纪人提问的目的主要是为了了解客户的购房目的、家庭结构、工作地点、付款方式以及其他个人业余爱好等情况，提问的问题类型主要有以下几种：

1) 您需要多大面积的房子？
2) 您需要几房几厅的房子？
3) 您对本楼盘的感觉如何？
4) 您是自住还是出租？
5) 您喜欢哪种户型？
6) 您希望什么时候能入住？
7) 您对房屋的配套设施有什么要求？
8) 您准备以什么付款方式购买？

(2) 正确的提问方式

1) 询问的问题简单化

房地产经纪人询问的问题应简明扼要，不要将问题复杂化。在解说比较长和复杂问题时，最好不时停下来，问问客户是否听明白。

2) 多用开放式问题

房地产经纪人应尽量使用开放式问题，比如为什么、有什么、是什么、做什么、怎么样等，这些问题可以让客户自由发挥，房地产经纪人可以从客户的回答中了解到客户的需求情况。而对于封闭式问题，比如是不是、好不好、对不对、有没有、行不行等，房地产经纪人应尽量避免使用。因为答"是"则必须再准备下一个问题，且无法让客户多谈到其他衍生答案，除非

是非常需要得到肯定的答案。

3）问题主题明确

房地产经纪人应避免将两个问题连在一起发问，否则会让对方捉不住主题。

4）使用通俗易懂的词汇

房地产经纪人发问应尽量少触及专业词汇，以免造成对方概念模糊。

5）顾及对方感受

房地产经纪人在询问中如遇到客户犹豫迟疑、不想回答的，最好不要追问得太紧，以免给客户带来不快，可先岔开话题，以其他方面闲聊的形式再融入想问的内容。

（3）提问的注意事项

1）用明朗的语调交谈。

2）通过观察客户的动作和表情判断其是否对楼盘感兴趣。

3）询问客户的需要，引导客户回答，在必要时，提出需特别回答的问题。

4）精神集中，专心倾听客户的意见，不要打断客户的谈话。

5）对客户的问话做出积极的回答。

6）不要给客户造成强迫感。

第13招　判断客户类型，采取不同应对技巧

依据不同的划分方式，客户群体可以划分为不同的类型。房地产经纪人应准确判断客户类型并采取相应的应对技巧，以便可以跟客户进行更深入的沟通交流并掌握客户的真实需求，下面将分别对不同类型客户的特点及其应对技巧进行详细的介绍。

（1）按性格特点划分

按照客户的性格特点，可以将其划分为冷静理智型、感情冲动型、干脆豪放型、犹豫不决型、喋喋不休型、沉默寡言型、脾气急躁型、吝啬型、挑

剔多疑型、炫耀型以及深藏不露型等客户类型，其性格特点及应对技巧具体如下：

1）冷静理智型客户

这种类型客户一般具有相当的学识，遇事冷静，思维严谨，不易被外界所干扰。初次遇到这种类型客户，客户会与房地产经纪人握手、寒暄，不过仅此而已。在交谈过程中，客户喜欢靠在椅背上思索，一句话也不说，不容易被房地产经纪人的言辞说服，对于疑点必详细询问，客户在选择中介公司或房地产经纪人之前都会做适当的心理考核比较，得出理智的选择。

面对这种类型客户，房地产经纪人必须对专业知识有足够的把握，采用坦诚、直率的交流方式，不可以夸大其词，把自己的能力、特长、房子的优势劣势等直观地展现给对方，并且所有的说明须讲究合理有据，以获得这类客户的支持。另外，在交谈中，房地产经纪人应注意听客户所说的每一句话并且铭记在心，从客户的言辞中推断出内心的想法。这些想法大多是客户的忧虑，房地产经纪人应诚恳而礼貌地给予解释，用精确的数据、恰当的说明、有利的事实来博得客户的信赖。房地产经纪人的态度必须谦和而有分寸，在跟客户交谈时可以聊聊自己的个人背景，让客户了解自己，使客户放松警戒并增强对房地产经纪人的信任感。

2）感情冲动型客户

这种类型客户天性易激动，易受外界的怂恿和刺激，注重第一感觉，很快就能做出决定。

面对这种类型客户，房地产经纪人开始应大力强调房源的特色与实惠，注意给客户留下良好的第一印象，顺着客户心理变化，改变自己的谈话，促其快速决定，当客户不想购买时，须应付得体，以免影响其他客户。

3）干脆豪放型客户

这种类型客户性格乐观开朗，不喜欢拖泥带水的做法，决断力强，办事干脆豪放，说一不二，慷慨坦直。但其往往缺乏耐心，容易感情用事，有时会轻率马虎。

面对这种类型客户，房地产经纪人在介绍时应干净利落，简明扼要讲清自己的销售建议，不绕弯子，客户基于其性格和所处场合，肯定会干脆爽快给予回复。

4）犹豫不决型客户

这种类型客户性格迟缓，犹豫不决，反复不断，提问不到关键环节，一直拿不定主意。如本来认为三楼好，一下子又觉得四楼好，再不五楼也不错。

面对这种类型客户，房地产经纪人应快刀斩乱麻，态度要坚决而自信，以专业人士的身份说出道理，帮助客户尽快下定决心。房地产经纪人不能流露出烦躁厌倦的神情，要耐心告诉他们质量确实可以得到保证。房地产经纪人的态度要诚恳，不要使客户产生压抑或恐惧感。

5）喋喋不休型客户

这种类型客户凡事过分小心，大事小事皆在顾虑之内，有时离题太远。

面对这种类型客户，房地产经纪人应先取得客户的信任，加强客户的信心。客户离题太远时，须随时留意适当时机将其导入正题。但不要轻易打断客户，房地产经纪人可以礼貌地微笑，在初始阶段静静地听客户阐述，并附和"对""是"，要用肯定的语气。在想要插话前先要说明："对不起，我可以打断您一下吗？"对于客户的谈话内容进行总结性的概括。比如："您说的意思我明白了，就是这样的……是吧？"然后把单个的问题挑出来，和客户分析交流，要引导说话的语速和方向，使客户处于一个听众的状态。

6）沉默寡言型客户

这种类型客户出言谨慎，一问三不知，反应冷漠，外表肃静。

面对这种类型客户，房地产经纪人除了介绍房源之外，还可以以亲切、诚恳的态度跟客户拉家常，了解客户工作、家庭、子女等情况和客户心中的真正需要。

7）脾气急躁型客户

这种类型客户一般心直口快、要面子、没有城府。

面对这种类型客户，房地产经纪人不能和客户起正面冲突，不要在神情或言语中流露出鄙视的心态。在客户暴躁的时候要保持微笑，做出认真倾听的状态。表示自己理解他的想法，了解客户的诉求点在哪里。同时转移客户的视线和重点，让客户的情绪慢慢缓和下来。针对客户的诉求点以及暴躁的原因，快速有力地说出自己的看法和建议。另外，在适当的时候适当地恭维一下客户，不要对客户的谈话不停反驳，那样会使问题更糟。

8）吝啬型客户

这种类型客户一般比较小气，斤斤计较，经常会隐瞒事实，夸大自己，很多时候还会选择多家中介公司的价格进行比较，以此来压价。

面对这种类型客户，房地产经纪人一开始就不能一味满足其需求，可以通过营造紧张的气氛相逼，并强调房子的优惠，促使其快速决定。

9）挑剔多疑型客户

这种类型客户的自我防卫意识非常强烈，总担心上当受骗，具有本能的抗拒心理。在言辞中喜欢采取高姿态，挑三拣四后仍显得心有不甘。

面对这种类型客户，房地产经纪人要能够敏锐观察，摸清对方挑剔的真实原因。如果客户挑剔的是房地产经纪人的服务，房地产经纪人就应以积极、诚恳、主动的态度，努力纠正对方的看法。如果客户的真正意图在于以更低的价格成交，则房地产经纪人应在条件允许的情况下以一些小的优惠打动客户，最终使客户满意而归。

10）炫耀型客户

这种类型客户喜欢自我吹嘘，炫耀自己见多识广，才能卓越。凡事喜欢发表意见，高谈阔论，自吹自擂，总是认为自己比房地产经纪人懂得多，喜欢夸大自己，表现欲极强。

面对这种类型客户，房地产经纪人首先应当是一个忠实的听众，不要过多表现自己，要让客户有表现的机会，可以一边听客户高谈阔论，一边用好奇的目光注视着客户，恭维客户。当客户第二次带其他人来看房时，可以让客户来介绍房屋，显示其专业。房地产经纪人顺水推舟表示客户介绍得比自己好，最后让客户表现一下决策能力，让客户下定。

11）深藏不露型客户

这种类型客户在特定的环境下会演变成特定类型的客户，这样的客户一般非常老到，社会经验非常丰富，关系网比较复杂，生活轨迹也不容易把握，思想活动很难认清。

面对这种类型客户，房地产经纪人通常可以采用以静制动的战略，始终要以认真、虔诚的心态静观其变，等待把握客户的即时心态之后再对症下药。

（2）按年龄阶段划分

按照客户所处的年龄阶段，可以将其划分为年轻客户、中年客户以及老年客户等类型，不同类型客户的特点及应对技巧具体如下：

1）年轻客户

这种类型客户的经济承受能力有限，思维乐观，为生活理想奋斗，想要改变现状。

面对这种类型客户，房地产经纪人要表现自己的热诚，在介绍房源时，可刺激他们的购买欲望。同时在交谈中可以谈谈彼此的生活背景、未来、感情等问题，这种亲切的交谈方式很容易促使客户的购买冲动。

2）中年客户

这种类型客户既拥有家庭，又有安定的职业，希望家庭生活美满幸福，并愿意为家人奋斗。这种客户有主张、决定的能力，只要房源品质优良，会毫不犹豫地买下。

面对这种类型客户，房地产经纪人应取得其信赖，尽量避免浮夸不实的说法，认真而诚恳地与客户交谈，重点可以说明房子与其美好的未来有着不可分的关联，客户在高兴之余，就容易成交。

3）年老客户

这种类型客户的共同的特点便是孤独。他们往往会寻求朋友及家人的意见，来决定买或租什么样的房子。对于房地产经纪人，他们的态度是疑信参半。在做决定时比一般人还要谨慎。

面对这种类型客户，房地产经纪人的态度必须诚恳而亲切，言辞必须清晰中肯，语言要尊敬，力争得到他们的信任。房地产经纪人首先可以请客户坐下，耐心询问，直到彻底理解其意图。有时，老年人会反复询问同一个问题。这时，房地产经纪人要注意不急不躁，合上他们的节奏，要简单易懂地给予回答。

第 14 招　善于观察客户，捕捉客户信息

房地产经纪人除了可以通过跟客户的沟通交流了解客户的需求之外，还可以通过观察客户的表情、动作、穿着等其他途径来了解客户的性格特点、身份特征以及购房动机等。

（1）表情：对客户表情进行目测，根据客户的表情来判断客户特征。比如客户满面春风，笑容可掬，说明客户自信、成功、亲切。

（2）步态：从客户的步态看客户的性格，如客户走路脚下生风，通常快人快语、豪爽，如果走路缓慢，通常比较有城府。

（3）姿态：姿态是很能反映出一个人的精神风貌的。如果客户头是上扬的，可能这个人比较傲慢自负。

（4）目光：目光是心灵的窗户，从目光可以看出客户的动机。

（5）语态：从客户谈话的态度来判断客户，假如客户说话时东张西望，说明这个客户目前可能是没有购买意向的，也许仅仅是了解一下而已。

（6）手势：手势通常是用来表达意愿的，也是第二语言。假如客户习惯性的经常摆手，说明这位客户对什么事情都保持一份戒备心态，持怀疑态度。

（7）笑容：笑容是心境的写照，如果客户笑时声音很大，笑得旁若无人，说明客户是个不拘小节的人。

（8）着装：从着装可以看出客户的喜好和个性。喜欢穿休闲装的人，这人性格开放，不喜欢受到约束；西装革履则表示此人很注重形象。另外，从服装的品牌还可以看出客户的身份和地位。

（9）用具：从客户所使用的东西可以判断客户身份，比如开豪华小车来的，说明客户较有钱。

（10）佩饰：根据客户身上所佩戴的饰物来判断客户的地位。如果客户

戴有很昂贵的项链、手链、头饰等，也说明客户是颇有身价的。

第2节　准确推荐房源，刺激客户购房冲动

在明确客户的购房动机之后，房地产经纪人应将能满足客户需求的合适房源推荐给客户，生动进行房源描述，吸引客户购房冲动。

第15招　如实推荐房源，刺激客户购房冲动

房地产经纪人在介绍房源时，应充分表达房源的优势，而对于一些客观存在或无关紧要的劣势则可以顺便提及或者将其转化为优势进行说明。

（1）房源优势

对于房源的优势，房地产经纪人应自然提及或者以暗示的方式说出房源的优势，一般可以从以下的角度进行说明：

1）地段

位于市中心的，生活方便，交通发达，人口密度高，小区规模大，生活配套全，升值潜力大，投资风险少，租金高，回报率高。

位于副中心的，价格比市中心低得多，比市中心安静，绿化率高，并且无市中心拆建的担忧。

位于城郊结合部的，发展前景大，配套设施新、全、齐，可享受市中心的繁华，交通方便，房屋升值快。

位于郊区的，周边自然环境好，交通发达，配套设施全，同样价格可购买更大的房子。市区郊区化是城市发展趋势，随着郊区的发展，郊区交通更方便。

位于老城区的，商业繁华，交通便利，生活方便，生活配套设施齐备，周边设施具备规模，房子升值潜力巨大。老城区是精华所在，即使旧城改造，也会保持其特色，不会被轻易取代，只会发展得更好。

2）位置

靠小区中心的，生活环境安静、安全、人气足，生活较有品位。

靠近主干道的，周边生活设施齐全，出行方便。

3）建筑结构

剪力墙结构的房子抗震性好，整体性能高，墙体薄，出房率高，易装修，使用年限长，保暖性好，柱子少，自由隔间空间大。

框架结构的房子保温性、隔音性比剪力墙结构的房子好，出房率高，开间易活动，易装修出各种自己喜欢的风格，使用年限长，阳台易装修出大开间，落地窗的风格。

砖混结构的房子保温性好、隔音性好，出房率高，施工速度快，成本低，价格低，适当改动容易，易装修，普通多层的最佳选择。

4）建筑类型

高层住宅使用期限长，造价高，闹中有静，易于物业管理，档次高，视野远，不用爬楼梯，出租回报率高。

多层住宅的实用率高，使用费用低，无使用电梯的风险。

5）实用率

实用率低的房子高档，设计合理，配套设施全，公摊面积多。

实用率高的房子可以省钱，同样的钱买到的使用面积多（买房是按建筑面积计算，居住时用到的是使用面积），比较划算。

6）楼层

一楼的房子生活方便，若有孩子，有利于孩子成长，培养健全性格；有老人的，有利于老人活动，参与社交。带庭院，对停放自己交通工具增加安全保障系数，免去工作的后顾之忧。如果租出去做办事处，租金高，升值潜力大，更因人员走动多，相较楼顶而言更加安全。

三四楼的房子采光好，安全、安静，避免了一二楼的潮湿，不用爬太高楼，高低楼优势兼备。

五六楼的房子价格合适，视野开阔，空气流通好，采光好，安静安全，高度好，又避免了楼顶漏雨的可能。

顶楼的房屋采光好，通风好，不挡光，视野开阔，价位低，楼顶送平台，生活方便，又不被人踩在脚下，日照时间长。

7）朝向

朝东的房子阳光光照时间早，新鲜空气易流通，适合创业阶段的人居住，起得早，不西晒，夏天凉快。

朝南的房子采光好，日照时间长，房间温度适宜，冬暖夏凉，确保升值，易出手转让，适合老年人住，阳气重，省电。

朝西的房子价格低，采光好，选择的范围大，阳光充足，较符合夜生活习惯的人，如朝西主体好且干燥。

8）装修

粗装修的成本低，避免二次装修带来不必要的浪费，可根据自己情况进行装修，使之适合自己品位，是居家自住的最佳选择。

精装修的方便，买家可以少花心思，如果用于投资出租，则买精装，省事。

9）户型

一进门是厅的房子大气、敞亮，减少过道，使用面积多，而且是有品位、有实力的表现。

一进门是走廊的房子私密性好，一进门不会直接看到厅，这种布局其实一点都不浪费，它是牺牲一块小面积换回一块大的空间，起到一个过渡作用，形成一条自然的走道。

双卫的房子方便、卫生，有一客用卫生间，档次高。

单卫的房子比较实惠，多装修一个卫生间得花钱，打扫卫生也麻烦，还浪费水、电，增加支出。

（2）房源劣势

对于房源的劣势，房地产经纪人应事先做好充足的准备，将劣势化为优势，突出房子的优势和潜力，比如可以强调房子的价格优势等。针对缺点，房地产经纪人应避重就轻，回答迅速，不拖泥带水，如果拖泥带水，客户就会觉得房地产经纪人是在现编答案敷衍他。

第 16 招　明确客户购房动机，准确推销房源

客户购房的目的既有用于居家自住，也有用于投资升值。面对购房目的不同的客户，房地产经纪人在介绍房源时应采取有针对性的推销方式打动客户。

(1) 居家自住型的客户

对于居家自住型的客户，在介绍房源时应强调该房屋给其带来的环境改善、面积提高、生活方便等居家舒适的生活回报，具体可以从以下几个角度考虑：

1) 安全

小区是否安全对于中老年与高收入阶层显得尤为重要，房地产经纪人可以重点强调小区保安系统的先进性等。

2) 方便舒适

配套齐全，公共交通方便，足不出户尽得所需，这对于工薪阶层家庭吸引力很大。

3) 环境配套

完备的会所、优雅宜人的小区环境、完美的医疗保健服务，这对于中老年客户有较大吸引力。

4) 风水

许多人对风水好坏很关心，房地产经纪人可以重点从小区规划、房屋朝向、设计造型等方面给这类客户以"明堂容万骑、水口不通风"的良好感觉，这对于传统的广东、福建、江西、香港及部分内地客户有关键作用。

(2) 投资型的客户

对于投资型客户，在介绍房源时则应强调该房子的升值空间以及给其所带来的租金收益等资本回报，并对客户的资金安排以及未来的投资收益进行计算分析。

第17招　做足充分准备，有效进行电话推销

当一有房源出来时，房地产经纪人经常需要通过电话向客户推荐房源。为了能让客户耐心地听房地产经纪人介绍房源并最终有冲动出来看房，房地产经纪人在打电话前需要做好充足的准备工作，并在打电话的过程中调节好情绪感染客户，引起客户的购房冲动。

（1）打电话前的准备工作

1）选择合适的打电话时间，如属于吃饭、休息的时间就不太适合打电话。

2）明确打电话的目的，组织好语言，清楚表达出想要表达的思想。

3）了解客户的详细信息，以及所准备的房源信息，以达到通话时能避重就轻的目的。

4）调节好自己的情绪，达到微笑感染的效果，引起客户的购房或租房冲动。

5）假设打给客户后，客户对这个电话会有什么样的反应，准备好应付这种反应的对策。

6）判断打这个电话的必要性。

7）习惯于在手边放好纸和笔，做好记录的准备。

（2）打电话时的注意事项

1）通过适当的寒暄、赞美拉近与客户之间的距离，造成亲切感，但是时间不要太长，而且所讲的内容要投其所好。

2）面对客户的拒绝或冷淡的反应，房地产经纪人可以用一种恰当的方式提醒客户他有这方面的需求，而房地产经纪人正是为了满足这种需求把合适的房源推荐给客户。需要注意的是，应对具有这种反应的客户，最重要的是在打电话之前明确对方的需求，时刻保持友好的态度，客户就算不需要也会对房地产经纪人以礼相待。

第3章

有效带客看房,消除客户异议

- 带客看房前的准备工作
- 把握带看时机,促成交易
- 消除客户异议

带客户看房是房地产经纪人促使交易的最好时机,房地产经纪人应把握好机会做好带看前的准备工作、做好带看过程中紧张氛围的营造以及帮助客户解决购房的疑问。

第1节 带客看房前的准备工作

在带客看房之前,房地产经纪人需要做好协调双方看房时间、合理安排带看先后顺序、提前通知业主客户配合房地产经纪人做好相关事项、说服客户签看房委托书等准备工作。

第18招 提前预约,协调双方看房时间

为了安排一个双方都满意的时间看房,房地产经纪人应做好以下几个要点:

(1)房地产经纪人事先了解客户业与业主的大致工作特点。对于业主,在接到委托的时候可以先问清楚什么时候看房方便,若无人居住,建议其留下钥匙;对于客户,要多了解其工作休息时间,以便安排合理的约看时间。

(2)提前预约,给双方足够的时间来安排手上的工作。

(3)如果有一方或双方不够配合的,尽量利用利害关系来让他们配合公司的安排。

(4)带看前再次确认时间地点,避免因为时间问题引起约看不顺。

第19招 合理安排带看路线与顺序,备齐物品

在带客户看房前,房地产经纪人需设计好合理的带看路线、带看套数、

带看先后顺序以及准备好相关的文件资料等。

（1）带看路线的选择

房地产经纪人选择带看路线，应尽量避开脏乱差的周边环境，避开中介密集的道路，选择能够突出房屋优点（交通便利、配套齐全、环境优美）的路线，增加印象分。

（2）带看套数与顺序的安排

房地产经纪人一般一次带看不多于4套，可以先看一般的，再看最好的，然后看比较好的，最后看最差的。不要让客户感觉到房地产经纪人所带看的房子一套比一套好，这样的话客户就会想再多看几套会更好，不能把客户锁定在房地产经纪人最想卖的那一套，这样对房地产经纪人的销售不利。

（3）带看时间的安排

房地产经纪人可以安排客户在某一较集中的时段看房，如周末时间比较宽裕，可以烘托购房的紧张气氛，加快成交速度及提高成交价。

（4）相关文件资料的准备

房地产经纪人事先需要将应带的物品准备好，比如名片、笔记本、笔、看房委托书、小区平面图、税费计算表、指南针、计算器、卷尺、鞋套等。

第20招　提前告诉业主做好配合

在看房之前，房地产经纪人可以提醒业主做好以下事项：

（1）环境卫生

1）让业主提前把房子收拾整洁，把窗帘都拉开，最好先让房子通通风，让客户感觉舒服些。

2）把阳台清理干净，不要堆放杂物。

3）门口铺上垫子，让客户觉得房子保养很好，不是那种随便进的感觉。

（2）业主态度

提醒业主尽量少说话，不要热情过度，摆出一副卖不卖无所谓的样子，可以适当介绍或不介绍，不能让客户感受到自己急于出售的急迫心理。

(3) 房屋价格

提前告知业主带看的客户很会压价，把自己跟客户的报价告诉业主，让业主按这个价格回答客户。

第21招 提醒客户不当场与业主谈价

在看房之前，房地产经纪人应提醒客户即使看房满意了，也不要显露出来，看房时间不宜过长，也不要询问业主关于房子价格的问题，也不要和业主说太多话，否则不利于谈价。

比如，房地产经纪人可以这样说服客户与自己配合："您待会儿去看房时，在业主面前要假装不满意，看完后就走，时间不要太长，我以后与他谈价就会比较有利，要不然的话，您若当场与业主谈价，业主觉得您满意就会顶住价格，甚至还有可能涨价。为了保障您能够以最低的价格买到这套房子，千万别现场谈价。"

第22招 说服客户签看房委托书

看房委托书是指为了防止客户私下成交，证明客户所看房屋是由中介带看的而让客户在看房之前签署的委托书。

为了能让客户愿意签看房委托书，房地产经纪人除了说明是公司的规定之外，还可以重点从客户的角度说明委托书对其的利益，强调委托书对其在服务内容与收费标准上会有所保障。

比如，房地产经纪人可以这样跟客户说："在看房之前签看房委托书是公司的规定，所以我也不好违反，而且签看房委托书对您一点损失都没有，相反它会保障您的利益。看房委托书明确规定了我们的服务内容和收费标准，成交了我们也不会乱收费，都是按照里面的标准收费。当然，从另一角度说也是保护我们的利益，也只有您认可我们的服务及收费，我们才会带您去看房子。但是假如您所中意的房子是我们带您看的，那就必须在我们这边成交。像您这么通情达理，我相信您会理解我们，公司规定每个客户都要签的，那麻烦您在这边帮我签个字。"

第 2 节　把握带看时机，促成交易

房地产经纪人在带客户看房的时候，应把握好时机有效促销，加强客户购买意愿，并灵活处理好看房过程中可能出现的业主失约、双方想私下成交等问题。

第 23 招　把握看房时机，加强客户购房意愿

为了增强客户的购买意向，房地产经纪人在带客户看房的过程中应注意以下事项：

（1）房地产经纪人要守时，最好提前 10 分钟到。

（2）在路上和客户交谈时要多问多听，从中了解客户的经济能力、背景、兴趣爱好等更多的情况。

（3）进入大门乘电梯时，应尽量让客户走在前面，上楼之前应告诉客户避免在业主面前赞赏或批评房源，避免引起业主过分自信或不满。

（4）缩短看房时间，特别是毛坯房。溜一圈就可以出来了。看的时间越长，挑出来的毛病就越多。如果没有电梯且楼层较高，在到达第三层时，可以让客户停下来，不至于让客户到达目标楼层后觉得太累。

（5）引导客户看房，主动介绍，把房源的优点告诉客户，在介绍过程中避免使用太多专业术语或高谈阔论。

（6）留给客户适当的时间自由看房及思考和比较的空间，注意观察客户的言行，看客户是否有不安的情绪，是否用手去摸房内东西，是否逗留不想离开等。

（7）让客户提问发表意见，熟练快速解答客户疑问。认可客户的想法，

就算客户讲的明显不对，也不要去反驳客户，而是加以引导，让客户自己察觉他的问题，多用反问或双重否定的方式回答客户的问题。

（8）指出房子是没有十全十美的，每套房子都有它的优缺点，但关键在于客户能不能接受它的一些不足之处。

（9）越是对房子挑剔的客户，越有可能购买，关键在于房地产经纪人如何帮助客户解决问题。

（10）面对客户看房时不表态的，房地产经纪人要设法引导客户开口说话，说出其所想、所好、所需，不仅如此，房地产经纪人还要善于聆听，以了解客户的真正需求，另外还要学会随机应变，改变自己的策略，可以投其所好。

（11）当客户带朋友来看房做参谋，房地产经纪人切勿怠慢旁边的参谋，一定要让参谋先说一些话，否则无法体现他的所用，甚至还有可能故意在当中挑刺。比如，房地产经纪人可以这样说："您今天带朋友来真对了，他可真是个行家"，让带来的参谋得意而放松戒备。然后逐渐引导其话语朝有利于销售以及房屋的细节问题上面来。

第24招　灵活处理业主迟到或失约

如果遇到客户已经到了，而业主临时有事要迟点到或不能到的，房地产经纪人首先应稳定客户的情绪，可以这样跟客户说："这个业主平时都很准时的，一般还会提前几分钟，今天不知道有什么事情，我给他打个电话问一下。"

如果业主短时间内会到，则可以这样跟客户说："×先生/小姐，请稍等一下，业主一会儿就到。"

如果业主过1小时左右后会到，则跟客户商量："×先生/小姐，不好意思，业主临时有事，过一个小时才到，要不我们先看一下别的房子，您看您能不能等一下。"如果客户可以等，则马上约附近的房子看；如果客户不想等，则向客户道歉，并送他回去，然后给业主打电话，让他不用过来。

如果业主不会到，房地产经纪人首先要向客户真诚道歉，改约时间，或带客户看楼上楼下的房子户型。

第 25 招　提高警惕，防止业主客户私下成交

在看房前，房地产经纪人应提醒客户、业主不能跳开中介公司成交，严正声明自己的立场和公司的要求，并告诉双方看房委托书和售房委托书的法律效力以及由此行为所引起的相关法律责任。

在看房时，房地产经纪人如果发现双方正在交换名片，可面带微笑将其接过来放在自己的口袋，并告知双方有什么需求联系的话可以通过中介，比如，房地产经纪人可以这样说："对不起，×先生/小姐，我们公司规定不允许这么做，假如你们确实有什么事情，到时我们可以帮你们联系。"

如果双方已经互留了联系方式，房地产经纪人应告知双方私下成交的风险，比如，房地产经纪人可以这样说："现在房屋交易市场的程序比较复杂，私下成交风险大，万一为了省钱却房财两空，就得不偿失了。"

如果看房时发现业主与客户是认识的，房地产经纪人可以将双方分开谈，具体可以从以下两个角度跟双方分析熟人也是需要中介的居间协调：

（1）因为是熟人，如果价格问题谈不拢，不好意思讨价还价和提出一些合理要求，只能让中介来协调，免得双方的利益受损。

（2）即使是熟人，也存在欺骗的可能性，让房产中介来把关，明确双方的责任义务，这样对双方都有利。

第 26 招　保障自身安全，做好防范措施

房地产经纪人在陪同客户去看房的时候，应做好以下的安全防范措施：

（1）出发的时候最好登记客户的身份证。

（2）当着客户的面告诉同事，自己陪客户去看房，会在什么时候能回来。

（3）如果几个客户去看房，邀请一个同事随行。

（4）在言谈举止中判断客户是否是真实的。

（5）尽量在白天人多的时候去看房，避免晚上看房。

第27招　营造紧张氛围，传递客户紧迫感

房地产经纪人在带客户看房的时候，可以采用以下策略来营造紧张的氛围，促使有意向的客户尽早决定：

（1）提前安排多组客户带看时间间隔，要保证彼此碰面，形成聚焦。

（2）房地产经纪人接到同事来电，同事说他的客户对该房屋已经考虑得差不多了，准备付定金。此时，房地产经纪人可以表达自己的客户现在还在考虑，透露出非常遗憾的态度。

（3）房地产经纪人接到自己客户的电话，客户在电话中明确表示经过家人商量，已经准备预定这套房屋，询问相关后续事宜。电话结束后，婉转表达意思，询问客户的意向。

（4）接到同事来电话询问钥匙，说同事的客户现在正在路上，带钱复看，准备下定，借机给客户紧迫感。

（5）路上遇到同事，同事激动地表示，他的客户看上了这套房，现在让他计算付款流程了，如果没有太大问题就考虑下定了，借机给客户造成紧迫感。

第3节　消除客户异议

异议是指客户在购房的过程中对房屋的价格、价值等产生的各种疑问或反对意见，代表着客户还存在疑虑，但也是客户对房源感兴趣的一种表现，房地产经纪人应树立积极的心态，帮助解决客户的疑问，引导客户成交。

第28招　深入了解客户产生异议的原因

为了针对客户的异议实施有效的对策，房地产经纪人应找出客户提出异

议的真实原因，一般有以下几种原因：

（1）准备购买，需要进一步了解房屋实际的情况。

（2）推托之辞，不想购买或没有能力购买。

（3）有购买能力，但希望价格上能优惠。

（4）希望建立谈判优势，支配房地产经纪人。

（5）房地产经纪人给客户的印象不好，服务不到位，态度不好。

（6）房屋缺乏吸引力，不了解房屋的好处。

（7）因突发事件，中断购买过程。

第 29 招　辨别客户提出异议的真假

出于各种原因，有些客户并不会真实表达他们不想购买的原因而往往表达出假的异议，房地产经纪人一般可以通过以下方式辨别客户异议的真假：

（1）当房地产经纪人提供肯定确凿的答案时，观察客户的反应。一般来说，客户要是无动于衷的话，就表明客户没有说出真正的异议。

（2）当客户提出一系列毫不相干的异议时，客户很可能是在掩饰那些真正困扰他们的原因。

为了找出客户真正的异议，房地产经纪人可以直接发问："×先生，我相信这套房屋很适合您，您能告诉我您不想购买的真正原因吗？"

第 30 招　掌握处理客户异议的常用方法

面对客户提出的异议，房地产经纪人一般可以采用以下的方法应对：

（1）间接否认法

间接否认法是指房地产经纪人听完客户的异议后，先肯定对方的异议，然后再述说自己的观点。不论什么异议，几乎都可以运用，尤其是在澄清客户错误的想法时效果显著，特别适用于那些认为自己对事物很了解，并有独到见解的客户。

房地产经纪人应用这种方法时，要以诚挚之心，先接纳客户异议，然后再以事实或实例婉言否认或驳正。这样既能消除异议，同时也不伤害客户的自尊。比如，房地产经纪人可以这样说："您说得对，×先生，一般客户最初都有和您相同的看法，即使是我也不能例外，但若仔细瞧瞧，深入研究一下，您就会发现……"

（2）转化法

转化法是指将客户的异议进行巧妙转化，变成说明客户购买的理由。

应用这种方法时，要求房地产经纪人本身经验丰富，善于销售技巧，能察言观色，当机立断，对客户异议转化为有利于成交的理由。即使客户的异议缺乏事实依据，也不能当面反驳，而应心平气和去疏导、启发和暗示。比如客户提出目前资金有限，房地产经纪人可以这样说："×先生，您可别这么说，现在房价上涨这么快，赶早不赶晚！"让客户明白在物价不断上涨之时，与其延迟购买，不如及早做出购买的决定。

（3）截长补短法

截长补短法是指利用客户异议之外的其他优点来补正异议的缺点。

比如客户认为房源的品质和设计都不理想，房地产经纪人可以以价格低廉、公司服务良好为由给予补偿，使客户的心理趋向平衡。

（4）反问巧答法

反问巧答法是指面对客户的异议，房地产经纪人适时对客户发问，引导客户思考，化解其异议。

房地产经纪人在应用这种方法时，可以先将异议转为发问，用来启发客户的自省能力，如果客户有所领悟，便能自己说服自己；若不能领悟，房地产经纪人再进行反问，举证说明，化解其异议。比如客户认为价格太贵了，房地产经纪人可以这样反问："您认为贵了多少？"引导客户说出贵的理由，房地产经纪人便有机会解释或举证说明将异议化解。

第31招　针对不同类型异议的应对策略

客户产生异议的原因主要来自于房屋本身、业主情况、购买价值、客户自身需求与能力等。下面将分别对各种类型异议的应对策略进行介绍。

(1) 客户对房屋本身的异议

在客户看房的过程中，可能会对房屋的楼层、朝向、位置等不满意，面对这种情况，房地产经纪人可以采用上述的截长补短法和转化法来应对。比如，当客户指出房屋朝北不好时，房地产经纪人可以这样说："这套房子价格比较便宜，节省下来的钱可以做更好的装修，买更好的家具和电器，非常划算，而且朝北的房子夏天不用空调，不至于过热，像您这样只是晚上才回来，朝向并不是最重要的，最关键是这套房经济实惠。"

(2) 客户对业主情况的异议

当客户对于业主卖房的目的产生疑问时，房地产经纪人应如实告知客户业主的真实情况，而对于业主是因为房子本身的某一个无法容忍的缺陷才卖房子的，房地产经纪人可以稍微提及，但重点还应强调房子的优势，比如："业主在这里居住发财了，要出国了、要换别墅了，相信您买了这房以后也会飞黄腾达。"

(3) 客户对于购买价值的异议

当客户对市场在降价产生质疑或对房屋是否会升值产生疑问的时候，房地产经纪人应根据自身的知识经验和在熟悉了解各地的房地产政策的基础上，给客户做出具体的分析。比如，房地产经纪人可以这样说："根据我的从业经验和最近全国各家媒体的报道分析，××地区因最近几个月新开的楼盘较多，中低端的市场有所回落但幅度不大，一些超小户型如××项目比较畅销，整个市场价格相对平稳，黄金地段的房产的价格基本不会下跌。"

(4) 客户对房屋价格的异议

当客户觉得房屋的价格太贵了，其可能有以下几种意思：

1) 付不起钱。

2) 可以在其他中介公司买到更便宜或更好的房。

3) 没发现该房屋的优势或不了解房源，看不出房屋的价值。

面对这种情况，房地产经纪人首先要确定价格贵是否是客户不买的唯一原因。比如，房地产经纪人可以这样问："如果业主愿意把价格降低一点，

您是不是今天就下定?"如果客户真的是因为价格原因不考虑买,房地产经纪人可以尝试用以下方法说服客户:

1) 利益法

突出房源各方面的优点能给客户带来的利益,直到把价格变成一个相对次要的问题。比如:配套设施完善可带来生活便利、孩子放学5分钟就能到家、户型结构好可以省下很多装修的钱等。

2) 比照法

提出该房子有什么优点需要额外加价,换句话说这个房子给客户省多少钱。只要客户的价格差异感缩小了,客户的注意力就可能转到房子的优点上来。

3) 提问法

通过"您为什么认为这价格高了?""您觉得应当是什么价格?""您说这房子价钱高是跟哪套房做比较的?"等问题引导客户将内心的想法讲出来,房地产经纪人就可以针对性地予以解决。

(5) 客户不明确表明真实异议

有些客户在看房时并不会明确表示自己不买的真实原因,而是说"我要考虑一下",当客户说我要考虑时,如果运用适当的言辞,客户是可以被说服的。房地产经纪人可以礼貌地询问还要考虑什么,必须很诚恳地询问是否还有不满意的地方,并与客户共同解决问题。比如,房地产经纪人可以说:"我已经干了三年,对这里的楼盘非常了解。我发现大多数需要考虑的人,都会考虑出一些复杂得连他们自己都想不出答案的问题。既然您的形象、尊贵都要体现在居住的物业上,为什么我们不一起考虑呢?您一想到问题,我就可以马上回答你。现在,您最想知道的一件事是什么?"房地产经纪人在询问的时候表情要放松,语气要缓和,用幽默的口吻。

如果客户说到要和别人一起商量,房地产经纪人必须设法陪所有当事人一起考虑,并注意追踪。比如,房地产经纪人可以这样询问:"没问题,我了解,趁现在跟他们联络吧,这样我才能够回答他们可能会有的问题"。当客户需要其他人认可时,房地产经纪人可以请客户一定带上家人来现场,先说服客户,然后督促他说服家里人。

第 4 章

掌握谈价技巧，促成交易

- 与客户谈价的技巧
- 与业主谈价的技巧
- 双方进行价格谈判的技巧

为了促成交易，房地产经纪人需要了解双方的价格底线，掌握跟双方谈价的技巧，引导双方各自对价格进行让步，并最终确定一个双方都满意的价格。

第1节 与客户谈价的技巧

在客户看房之后，对于有意向的，房地产经纪人应积极引导客户出价，而对于那些还价太低的，房地产经纪人要坚定立场，不轻易让价，掌握主动权应对客户的讨价还价，并积极引导客户下诚意金。

🍀 第32招 应对客户要求直接跟业主谈价的有效策略

面对客户在看房后就要求直接与业主谈价的，如果房地产经纪人在双方条件尚未谈妥之前贸然安排见面，容易使双方因为某一利益而引起冲突。但房地产经纪人也不要断然拒绝客户，可以先答应客户帮他约业主，然后再回复他。

比如，房地产经纪人可以这样回复客户："我帮您约过业主，不过业主说：'客户条件都没定，有什么好见，除非他已经落定。而且我已委托给你们中介，什么都让我来还委托你们干什么？我很忙的。'这个业主之前试过与其他客户直接商谈，结果什么都没有谈妥又浪费时间，所以这个业主很介意。所以如果您有什么要求可直接与我谈，我一定会尽力帮您争取的。"这样一方面可使客户感觉房地产经纪人在帮他，另一方面又可借业主之口做出拒绝。

第33招　分析客户不出价原因，引导客户出价

有些客户在看完房后并不会直接报出其所能接受的价格，而是会问"能便宜多少？"或"你们的底价是多少？"客户不出价的原因可能是客户不喜欢、购买预算不够、诚意度不够、客户无权作决定或权力不够、客户购买欲不够或者是客户对于付款方式有意见等。

面对这种不出价的客户，房地产经纪人一般可以用以下的几种方法引导客户出价：

（1）开门见山法

1）"既然您觉得房子不错，那您出个价吧！我来帮您和业主谈。"

2）"您认为合理价位是多少钱？"

3）"看您这么有诚意，我们也不要拐弯抹角了，就直接来谈价钱好了。"

（2）诱导法

1）用自动降价诱导对方出价，以客户提出的缺点作为让价的理由。

2）用上一组买方作为诱导出价。

3）现场自我促销（如安排好的名片，购买意愿书以及看房买方名册等）。

（3）间接法

"看来您对这房子很中意，不知有没有什么意见或决定。"

（4）欲擒故纵法

"这房子什么都好，但我看还是不要谈好了，您考虑一下，我们看另一间吧，因为业主对价格很坚持。"

第34招　坚定立场，不轻易让价

房地产经纪人应对业主的价格有信心，不轻易让价，具体可参考以下的

做法：

（1）不要按客户的出价来做价格调整，不论客户出价在底价以上还是底价以下，都要拒绝该价位，表示业主不可能接受。

（2）让价要有理由。比如在与客户谈判到成交边缘状况的价格时，客户若表示××万元一定购买，房地产经纪人可以表示："我无权决定，需要请示业主，请问您能下多少定金？"来要求客户拿出较多的定金。

（3）抑制客户杀价念头，强调房源优点与价值，包括房子未来增值潜力以及风水好等无形的价值。

（4）可以做动作，表示房地产经纪人的无奈，爱莫能助。比如直接收拾东西，整理资料或故意看别的地方，叹气等，可以这样说："这个价格您在这个地段买这样的房子真的有点困难。"

（5）坚持业主的价格是合理的，最初是××万元，现在已经降了好几万元了。

（6）用以往成交的案例做对比促销，比如，房地产经纪人可以这样说："这是我们上个礼拜刚刚成交的案子，您看看成交价格？"

（7）买方出价低时欲付诚意金的话，问房地产经纪人可不可以收，房地产经纪人可以拒绝收取诚意金，并告知客户如果这价格可以的话，早卖掉了，不可能等到现在。

第35招 面对客户以各种理由要求降价的应对技巧

客户在看房之后，一般会以房子的缺点、市场行情下跌、家人的反对、其他公司的报价低等理由要求降价。面对上述各种理由要求降价的客户，房地产经纪人可以参考以下的具体做法：

（1）客户指出房子的缺点要求降价

面对这种情况，房地产经纪人可以和客户解释房源定价的合理性，指出房子他已看过，有这些缺点他也知道，正是有了这些缺点，所以房子的价格相对市场同类房源已经偏低了。将客户考虑的焦点引导到房子的价格上来，同时将客户的意见和房子的缺点传达给业主，让业主自行斟酌。告诉业主客户的真实意思就是想降价，看看业主的价格还有多少下降的空间，努力让业主和客户的要求相接近，争取成交。

（2）客户指出市场行情下跌要求降价

面对这种情况，房地产经纪人主要可以从以下两个方面跟客户分析：

1）供求关系决定房价

房地产经纪人可以这样说："您知道吗？现在的市场您可能看交易量在下跌，但房价还在涨，现在我们不是缺少买房的客户，现在是缺价格稳定的房子。现在想买的客户还非常多，因为大部分是刚性需求，自住或改善型，所以现在买就是价格合适的。"

2）借用数据、政策

房地产经纪人首先要会解读政策，数据要真实。比如，房地产经纪人可以这样说："您看这些文字报道，国家支持二手房，很多专业人士也都认为房价的涨幅还会持续。"

（3）客户提出家人不同意见要求降价

面对这种情况，房地产经纪人首先要了解客户的心里价位，当客户给出价位后，马上给予否定，不要让他抱有希望。比如房地产经纪人可以这样说："先生，您家人希望的价格是多少呢？（在客户回答后）您说的这个价不可能，要不您可以考虑我跟您说的那一套，价格会低一些。不过我相信您不会差这几万元，您知道如果错过这一套房子，再找这么合适的一是找不到，二是如果找到，价格也一定比这贵，这样到时您付出的不是更多嘛。"

另外，告诉客户业主还要涨价，是房地产经纪人的努力才没涨，不要让客户觉得自己价出高了。比如。房地产经纪人可以这样说："这么巧。业主这边也跟我说这个房价家里还不同意，还要涨，我跟他沟通了很久，打了好几个电话，业主才说了也就对您卖这个价，别的客户再谈他想多卖12万元，您也知道现在这市场，价格在涨，房子卖得也很快，这样的房价已经没得挑了，关键是房子您住得舒服，对吧？"

(4) 客户指出其他公司的报价低，要求降价

面对这种情况，房地产经纪人首先要看自己的报价是否是业主给的底价。

如果房地产经纪人给客户报的是底价，则可以有底气地跟客户说别的公司是虚报吸引客户。比如，房地产经纪人可以说："对于中介来说，房子是业主委托的，我们也不愿意将房子的价格定得很高，以免影响销售，这套房源的价格对于市场来说是合理的，而且您也看了房子，我相信您在市场上也已经做了同样的类比的，这套房子本身也符合你的要求，实事求是地讲，这套房子也不贵。如果您放弃了，相信别的中介所谓的超低价格，等发现上当了再回来时，可能房子已经售出了。希望您早下决断。"

如果房地产经纪人报的价比底价高，可以先了解别的公司报的价是多少，如果说的低于业主的底价，房地产经纪人马上说不可能；如果接近底价，房地产经纪人则可以这样说："×小姐，我刚才也跟业主说了一下，业主现在确实很有诚意卖，也告诉您一个好消息，我还跟他谈了，如果今天能定他能否再便宜3万元，他同意了，您看要不今天就定下来。"

(5) 客户将价格跟开盘时的价格比较要求降价

面对这种情况，房地产经纪人应给予客户购买的信心，让客户觉得房价涨是正常的事，同时现在不做决定未来再涨，不但错过房子增值的收益，还要花更多的钱来买房。比如房地产经纪人可以这样说："是啊！涨得是有点高，这周边这么好的配套起来后，很多业主也后悔当时没多买几套，哪怕是贷款。这个位置，一定还会再增值。当时这个区域开盘时也就六千元/m^2左右，有其他小区现在都卖到3.5万元/m^2了。但这个小区也才3万元/m^2，已经很合适了。再说现在的周边配置已经非常完善了，不能和以前的情况比了。"

第36招　应对客户咬定一个价格，高了就不买的策略

面对这种情况，房地产经纪人可以从以下两个方面跟客户分析：

（1）给客户建议一个合理的价格

房地产经纪人应礼貌地对客户解释，不要和客户起冲突。比如，房地产经纪人可以这样说："我们完全理解您的心情，要是我处在您这个角度，我也希望价格越低越好。所有人都希望用最低的价格买（租）到最好的房子，但是房价是由市场决定的，您看看我们的房源信息，对比同类型房源的价格，您决定的那个价位根本没有。这价格还是我们和业主经过很多次协商才谈下来的，而且很抢手。我做这个行业很长时间了，您是我的客户，我不会故意抬高价格来卖（租）给您，只是希望您可以根据市场的价格确定一个更为合理的价格。相信您也走了不少中介，咨询和看过不少房子了，这个市场您也是知道。或者您再考虑一下，我们建议的这个价位是否合理？"

（2）以退为进

房地产经纪人可以告诉客户这个价格肯定买不到这套房，同时给客户介绍其他房子，比如，房地产经纪人可以这样跟客户说："×先生，那可能只能帮您在周边小区找一套了，因为这个小区这样的户型就这一套性价比是最高的。说实话，×先生，我觉得像这样的房子，您周转一下或向亲朋好友周转都值得买，如果您错过这套，您很难再买到这么合适的房子了（刺激客户的利益点）。"

第37招　巧妙引导客户下诚意金

房地产经纪人在跟客户谈价的过程中，如果客户一日未缴付诚意金，无论怎样商讨细节，客户都可以随时反悔。房地产经纪人让客户下诚意金可以

了解客户的购买意向程度，并且，客户交诚意金后，再找其他中介公司的机会不大。

对于客户，房地产经纪人可以这样告诉他们收了诚意金之后，业主将更有诚意进行买卖。比如房地产经纪人可以这样说："×先生/小姐，您还的价钱业主现阶段不能接受，我明白客户希望售价尽量低一点，但您喜欢的这套房在市场上比较罕有的，因为大部分业主都是自住而不愿出售的，原因是此房……（列举房子的优点，如朝向佳，户型靓等），如果不是业主……（列举业主不得已离开的原因：如办公地点要搬到别区，方便小孩子上学等），业主是不会放盘的。不如您付××万诚意金，好让我向业主争取一个实在一点的价钱。您放心，协议上注明了要求，写明若规定的时间内谈不到就如数退还，况且这对我们双方都有个保障：第一，我们公司有规定，您交了诚意金后，除非我们放弃，否则其他同事就不能同业主谈价，您想想，有几个人同时谈价，价格肯定更难往下谈，这样，就能让我们尽可能顺利地达到您的理想价位，保障您的利益。第二，现在市场竞争这么大，如果能谈到这么低的价格，稍慢一步就没了，到时我会第一时间转给业主，就算有人出高价也没办法反悔。第三，您看，我们这么辛苦，对我们房地产经纪人也要有点保障，假设真的谈好了，您一个电话，说您不要了，很简单的一句话，但我们肯定把业主得罪了，说戏弄他，没客户却去砍价，再也不会委托我们了。说这么多，还是希望您能理解配合我的工作。"

第2节　与业主谈价的技巧

为有效说服业主降价达成交易，房地产经纪人应学会运用多种方法降低业主心理价位，掌握面对不同类型业主谈价的技巧以及处理好谈价过程中业主反价、不卖等常见问题。

第38招　运用多种方法降低业主心理价位

为了降低业主的心理价位，房地产经纪人一般可以综合采用以下的几种方法：

（1）强势说服法

如果业主报价比市场行情高很多，房地产经纪人应让业主认为他对价格有决定权，而不是受到房地产经纪人的逼迫才降价的，明白告诉业主这个区域的房子绝对没有他所报价格的行情。

（2）价格对比法

房地产经纪人可以先告知业主最近市场上成交的价格，让业主了解现在市场上的行情，然后再告诉客户目前自己店里及同行业店里销售中的房子价格，让业主觉得自己有主控权，而不是一旦碰上中介公司后，就必须被中介公司牵着鼻子走，自然接受的程度较高。此外由于对比法必须佐以真正的资料，所以业主除了接受程度高之外，对房地产经纪人的专业评价也会跟着提升。

比如，在采用对比法说服业主降价时，房地产经纪人可以这样跟业主说："×小姐，您隔壁602房跟您家同样户型的，前几天我们刚以460万成交的，还没有过户。其实房子能卖多少钱谁也说不清楚，但关键怕对比，××小区现在成交的均价是45000元/m^2，上个月共成交了7套，最高的一套单价47800元/m^2，您现在的报价明显高于市场价。其实我的客户也看过隔壁的房子，只是客户觉得您好说话，房子装修得也比较符合他的品位，希望双方能各让一步，×小姐，您就让一步吧。"

（3）优缺点分析法

房地产经纪人可以通过分析房子的优缺点，对比其他已成交的房子来说服业主降价。

比如，在采用优缺点分析法说服业主降价时，房地产经纪人可以这样跟业主说："×先生，根据我的经验，您的房子最大的卖点在于……（比如装修、采光、户型等），我们带客户看房时也在极力推荐这些优点；但您的房子也存在一些缺点，比如……（临街、朝向等）；同小区的房子最高的一套成交单价32000元/m^2，100m^2，320万元，您这个价格实在有些偏高啊。"

(4) 成本分析法

房地产经纪人不应该用笼统的方式告诉业主房子越晚卖/租掉，他的损失越大，这种说法缺乏具体的数字增加震撼力，更具有说服力的做法是将房子晚卖/租掉三个月后的利息支出，税金损失，管理费支出，水电及电话费支出等计算出来，然后给业主看。

比如，在采用成本分析法说服业主降价时，房地产经纪人可以这样跟业主说："这些损失加起来后总额是××元，三个月之后，如果房子卖/租出去，您可能还是必须降价把房子卖/租掉，到时即使降价吸引力也有限，您的损失可能还不只是××元。"房地产经纪人采用这个方法说服业主降价时，一定要试着先做一些功课，试着算出业主因为延迟将房卖掉或租出去而可能产生的损失，如果这个数字够惊人，就可以运用这种方法来说服业主，最好是在现场一笔一笔地算给业主看，以免业主认为房地产经纪人是蓄意以这方法来强迫降价。

(5) 客户分析法

房地产经纪人可以通过分析客户需求，让业主换位思考来降低业主心理价位。

比如，在采用客户分析法说服业主降价时，房地产经纪人可以这样跟业主说："×小姐，根据我的经验，买××园的客户，肯定是已经看好这个小区，接下来要看的无非是房子和价格。看了这么多客户，有好几个客户对您的房都比较满意，就差价格了，其实好房子稍微贵一点买了住着舒心也行，但您这个价格每m^2比均价贵出3000元多，这个价格在郊区都可以再买套房了，×女士，我建议您站在客户的方面考虑一下，这个价格真的太高了。"

(6) 市场行情分析法

房地产经纪人可以通过分析目前国家政府出台的新的政策法规，让业主知道短期内房价上涨的可能性不高，引导业主卖房。

比如，在采用市场行情分析法说服业主降价时，房地产经纪人可以这样跟业主说："您看，现在国家又出新的政策，提高二手房首付比例，地税增加税收，这样的话，买房子的人会下降，所以到时候您再想卖这么高的价格，可能就有一定的难度了，现在卖出您的房子是最好的时机。"

(7) 冷冻法

如果业主不同意降价，房地产经纪人可以把业务停顿一两个星期，让业主自己知难而退。

(8) 诉苦法

房地产经纪人可以告诉业主自己为他的房子所做的努力，比如在网络和门店打了很多广告，也重点推介他的房子，但还没有卖出去，带很多客户看了，看上房子的倒不少，但都反映一个同样的问题：价格太高了，然后说服业主应该降价。

第39招　掌握面对不同类型业主的谈价技巧

由于不同的业主对市场的了解程度以及卖房的目的等不尽相同，其对房价的期望值也存在较大的差异，因此，房地产经纪人在跟业主谈价的时候，应对业主的情况有全面的了解之后，采取有针对性的谈价策略。

(1) 对于急需资金的业主

这种类型的业主不可能接受周期太长的付款方式，因急于变现，价格会有所下调。房地产经纪人在谈价的过程中，应抓住业主急于变现的心理，告诉他如果要在短时间内售出，必须有一个合理的价位，并指出房屋的缺点，说明在短时间内销售出去的困难，进而说服业主降价。

(2) 对于换房的业主

这种类型业主一般为改善居住环境型业主，会把欲购买的房屋与自己的房屋做一个对比。通常业主会非常强调自己房屋的优点，尽量将自己房屋卖一个高价，减轻购买大房时的压力。房地产经纪人可以跟这种类型业主分析目前的市场情况，比如改善居住环境的客户比较多，需求大，而小房需求相对就较少，如果想快速售出，其价格就要低一些。

(3) 对于市场较为了解的业主

这种类型业主很明确自己房屋的销售价格，不会轻易受他人左右。面对这种类型的业主，房地产经纪人可以跟他们解释他们所了解的价格，只是市场上挂牌的价格，而不是真正的成交价，一般市场成交价会比挂牌价低很多。若以挂牌价格销售，没有任何优势，与市场上那些挂在那里成交不了的房子一样，如果想快速售出房子，现在是个好机会，客户愿意以××万元购买他的房子。

(4) 对房价期望值太高的业主

这种类型的业主基于个人利益和感情的因素，提出的价格或者心理价格都会高于实际的市场价格，对此，房地产经纪人可以向业主说明在最近 3 个月内同类户型的市场成交价格。比如，房地产经纪人可以这样说："您也知道，现在的房价很透明，不是由您或我所能决定的，是由市场决定的，像您这房子要卖这价格比较难出售。"然后可留一份本店已经成交的房产资料，以便业主能够与其家人交换意见，主动改变其原来的价格预期。另外，还可以给业主看本店最近几个月内因价格太高未成交的房产资料，持续跟进业主，经常保持电话，说服业主降价。

第40招　应对业主涨价的策略

当客户出到价位，但业主却要求涨价或者还需要考虑的时候，房地产经纪人应先去探寻业主涨价的原因，并进行劝服，顺便渲染房地产经纪人的辛苦与不容易。最终探寻出业主决定再次出售的价格，并在另一方面让客户加价，从而促成交易，时间不宜拖长。

比如，房地产经纪人可以这样说："×小姐，您可别犹豫，这个客户我都谈到这个份上了，什么问题都没有就等着您签字了。现在卖掉价钱又好，客户又有素质，您还有什么担忧的呢？我也不容易呀，带了好几个客户看您的房子就是想给您尽快卖掉，别耽误您的资金使用。我天天都睡不好觉，现在终于快修成正果了，您可要体谅我呀。要不这样，我先和客户反馈一下这个情况，价格您觉得多少才合适呢？您说吧，我再给您争取一下，看看客户是不是能接受，然后再给您回个电话吧。"

如果业主是因为受其他中介公司的影响而改变价格，房地产经纪人可以跟业主解释中介行业竞争激烈，有可能是其他中介公司故意从中破坏，让业主可以去其他中介公司看看是否有实在的客户给那么高价，然后自己继续做客户工作。房地产经纪人要给业主台阶下，以免当他知道那边是假的以后又不好意思回来，给业主加价的希望。

第41招　有效引导业主低于底价出售

当客户给的价格低于业主的底价，而业主也是有诚意尽快出售的，房地产经纪人应抓住业主焦急的心理，引导降价并促成交易，房地产经纪人口气不要太硬，但要很自信，不断给业主出售的信心。

比如，房地产经纪人可以这样说："实际上客户一开始的心理价位和售价差距挺大的，我可是磨了他很久，最终才让客户一次性加了8万元，现在的差距也真的不大了，您看您再让一让就能签了。客户也不容易，工作也没几年，这一辈子的积蓄都投在这套房子上了，让个8万元对您来说可能是小事一桩，可是客户要奋斗多少年才能挣出这8万元？您当初也是这么打拼过来的，您就当帮他一把，他一定会感激您一辈子的。"

第3节　双方进行价格谈判的技巧

在进行价格谈判的过程中,为了得到一个让双方都满意的价格成交,房地产经纪人应掌握价格谈判的相关技巧,保持中立的态度,掌控谈判节奏和调节现场气氛,避免双方陷入僵局并引导双方各自对价格进行让步。

第42招　明确价格谈判的原则

房地产经纪人在约双方进行价格谈判时,应遵循以下的原则:

(1) 平等、互利、互相尊重。

(2) 合法原则,使客户感到有保障。

(3) 坚持原则,留有余地,开始不急于亮底牌,要进退有据,坚持到底。

(4) 确立目标,明确谈判目标,有利的内容先谈,回避一些让谈判陷入僵局的不利因素。

(5) 公平、公正及公开的原则。房地产经纪人应全面声明在此交易中所得的利益,包括佣金以及从交易中将会收受的其他利益,并提醒客户签订合同后即有支付佣金责任。

(6) 尽可能提供参考数据。在洽商议价过程中,应业主或客户要求,可提供相关房屋的租售价格资料和对比数据,不可盲目压低业主的开价或抬高客户的出价。

(7) 谈判要勾起远景,描述理想,带动气氛,取得对方的信任,帮助对方往好处想。

(8) 戒急用忍,分段谈判,欲速则不达。

第43招　掌握价格谈判的一般步骤

房地产经纪人约双方进行价格谈判的步骤一般如下：

（1）为双方约好时间，告诉买方必须带定金，并且要加价才谈，否则不要浪费双方的时间，并表示有一组客户出价比他高，但业主还不知道，所以要把握机会。

（2）确定买卖双方价位。

（3）预先掌握一方，让其提前30min到达，对其进行说服。

（4）安排座位，准备现场资料。

（5）确定主谈及助谈人员。

（6）房地产经纪人表明三个要点：

1）此次双方见面透明化公开。

2）双方都很有诚意。

3）塑造双方（买方、房源）稀有性不容错过，见面谈一定会成。

（7）双方寒暄，介绍。

（8）切入主题，价位曝光。

（9）如果双方坚持，房地产经纪人先拉开一方进行说服，适当让价、调价，往弱的一方谈。

（10）双方分隔说服，房地产经纪人两边串场，提供适宜信息，影响两方判断，促进成交。

（11）如果谈判成功，应立即签约，注意查验双方所带的证件。

（12）如果谈判不成功，不要僵持时间过长，浪费客户的宝贵时间。应让他们单独离开，给客户充足的自主权来充分考虑，但后期房地产经纪人要及时跟踪维护，争取再次签约机会。

（13）无论成功与否，都应给客户留下良好的印象，客户离开时应礼貌地将双方各自送至门外，并握手道别，体现房地产经纪人专业细致的服务理念，树立公司品牌形象，并且为下一次的谈判奠定良好的基础。

第44招　取得双方信任，保持中立，解决分歧

在进行谈判的过程中，房地产经纪人要找出双方之间的分歧，帮助双方分析其中的问题，提出中立的想法和建议，具体要做到以下几点：

（1）从客户和业主的思路和要求出发，尽量向他们的想法靠拢，按照他们的话题展开讨论。

（2）在与客户和业主价格谈判时，不要简单地否定其中某个人对于价格的认定和想法。

（3）在双方陷入僵局时，将双方分开，然后逐个和他们谈。谈的时候可以先赞同对方的想法，但要温和地指出这个想法一些不合理的地方。

（4）在谈判出现一方向另一方大声质询的时候，不能火上浇油，应该礼貌劝解，慢慢协调。

（5）把价格和对方信息传达给另一方时，加入自己的意见，指出其中合理的部分，同时礼貌征询对方的意见。

（6）逐步让双方的立场趋于接近。以房屋的优劣势逐步让双方接受。对于业主，要多说房子的劣势，对于客户，正好相反，要多说房子的优势。

第45招　调节气氛，避免双方陷入僵局

当双方意见不统一，房地产经纪人可以把双方先暂行分开，不要让他们起冲突。肯定双方的想法和价格的合理性，但是希望双方考虑到市场的需求和价格走势，定得过高或者出价过低都不会成交。

（1）对于业主，房地产经纪人可以把房子的一些缺点举例出来，然后说出市场同样房子的价格状况，告诉业主这个客户也看了很多房源，已经是有备而来了，虽然客户提的价格有些不合理，但是相对来说，比较符合市场的预期价位，请业主再斟酌一下。

（2）对于客户，房地产经纪人可以把房子的一些优点体现出来，以业

主的底线为基础，探寻客户的心理底线和最高出价，然后说出市场同样房子的价格状况，说明业主的价格相对来说比较合理，希望他仔细考虑一下。

（3）把双方的意见综合一下，找出一些可以共通的地方，分歧的要点还是在价格上，由房地产经纪人找出一个双方差不多可以接受的心理价位。然后以这个价格为基础，对双方进行协调，让各自价位互相靠拢。房地产经纪人的语言要温和，不可激起双方的情绪。要让客户知道房地产经纪人是站在他们的角度为他们的利益着想，是他们的朋友，而不是简单劝说他们交易的说客。

第46招　进行价格谈判的成功要领

为了让价格谈判能顺利进行并最终确定一个合适的价格成交，房地产经纪人需要掌握以下的要领：

（1）提醒在场所有人员将手机关机或调至静音状态，以便保证整个谈判的过程不被打扰，并安排好买卖双方的座位。

（2）为避免给客户造成不公正、偏袒某一方的印象而造成谈判不畅或中止，房地产经纪人必须要始终保持中间立场。

（3）掌控现场的谈判节奏和气氛，保持三方相互尊重、相互理解的主导思想，使买卖双方在平等自愿的前提下进行谈判。

（4）当双方在谈判过程中出现意见僵持不下的局面时，建议暂时停止谈判，并将双方暂时分开，分别做工作，以缓和尴尬的气氛局面，使谈判重新进行。

（5）谈判中不可任其买卖双方的任一方长时间谈论与签约无关的自己话题，而分散双方的注意力和打乱谈判节奏。

（6）谈判过程中，房地产经纪人应对整个交易过程做详尽的讲解和描述，反复强调一些细节，向客户传达一些专业性的知识，以体现专业、优质的服务，为下一步的签约奠定良好的基础。

（7）房地产经纪人应正确应答客户提出的各种问题和疑虑，积极主动地做详细解释，但不可轻言许诺，口头担保等违反公司规定的言行。

（8）客户加价次数不能多，否则会造成业主以为房源热销或者价格还有很大余地的错觉。

（9）先确认交易条件再谈价格。在房屋买卖或租赁的过程中决定成交与否的关键，往往除了价格外还有很多需要确定的条件，例如配套设施、付款方式、交房时间等，一般业主谈到价格会比较敏感，所以先谈条件再谈价钱的思路可以绕开敏感话题，同样达到预期效果。

（10）条件接近时各退一步取中间值，以双方价格拉近为首要原则。

第 5 章

顺利签订合同,收齐佣金

- 解决双方对交易手续的疑虑
- 说服客户下定金
- 约双方见面签订合同
- 收取足额佣金

在双方对价格以及交易流程等有了一致的意见后，房地产经纪人应积极引导客户下定金并尽快约双方进行签约，并掌握签约过程中常见问题的应对技巧和保障收取足额的佣金。

第1节　解决双方对交易手续的疑虑

除了确定价格之外，在签订合同之前，房地产经纪人需要明确告知双方相关的交易流程手续，具体包括客户的付款方式流程、业主的提前还款手续、双方应缴纳的税费等。

第47招　为客户设计合适的付款方式

客户的付款方式一般有一次性付款、分期付款、按揭付款等，为了帮助客户设计符合他实际情况的付款方式，房地产经纪人首先需要明确各种付款方式的优劣势所在，具体如下：

（1）一次性付款

在客户有能力支付全部房款时，选择一次性付款，可以省去按揭贷款利息等费用支出，而且现在银行存款利息低，把钱存入银行赚不到多少利息，一次性付款可省掉很多麻烦，而且人民币会贬值，房产可保值，又有升值潜力。另外，一次性付款的房子可随时抵押，若按揭贷款即使提前还款，利息额不能免掉。房地产经纪人要让客户知道个人资产并不单纯以人民币衡量，房产亦是资产之一，目前房子既可居住又可随时抵押,灵活性更大。

(2) 分期付款

分期付款每月支出费用大,对工作不可能轻易调换,局限性大。适合于不能一次性拿出全部房款的客户。

(3) 按揭付款

人民币贬值趋势明显,同样币值的购买力越来越小,目前又是低息贷款,所以应最大限度使用手中金钱。按揭付款可以使客户不把钱完全用掉,省下来的钱做其他用途,使手中的金钱使用最大限度地合理化。

按揭付款包括商业贷款、公积金贷款和组合贷款。公积金贷款与商业性贷款最大的区别在于住房公积金贷款的利率比商业性贷款的利率低,另外,在办理程序上,公积金贷款的审批时间比商业贷款长,其余与商业性住房贷款相同。

房地产经纪人在给客户的贷款方式提供建议时,可以建议客户采取公积金的贷款方式,原因是公积金贷款的利息比商业性贷款的利息低,可以为客户节省大笔的利息费。如果客户的公积金贷款不能够满足全部贷款的额度,再建议客户采取公积金+商业贷款的组合贷款方式。

第48招　有效说服业主同意按揭付款的方式

针对有些不接受按揭付款方式的业主,房地产经纪人可以从以下几个方面向其解释:

(1) 客户在过户前银行会出具承诺函,以保证房款无风险。

(2) 按揭付款与一次性付款在时间上相差不久,付款程序基本一致。

(3) 按揭付款与一次性付款没有什么不同,大多数客户都会选择银行按揭,如果不同意银行按揭可能会失去客户,不利于房子出售。

比如,房地产经纪人可以这样跟业主说:"客户向银行贷款,银行是一次性把款付给您的,所以不管是贷款还是一次性付款,您都是一次性收钱。现在我有一个客户能接受价格,您就卖给他吧,您要是再等几天卖,也和贷款收钱的时间差不多了。而且即使能找到一次性付款的，客户可能要跟您谈价，筹钱肯定也需要时间，谁也不会把几百万元放在卡上。"

第49招　协助业主尽快办理提前还款手续

物业要出售必须做产权转移，而产权转移须在清晰的情况下才可办理过户，正在银行按揭的物业不可以过户，业主须将银行所欠款项还清，才可拿出被抵押的房产证，涂销抵押登记完毕才可做转移登记，然后再办理二手房按揭手续。

如果业主有能力可以自己还的，房地产经纪人在业主放盘时就应该告知他尽快办理以解除房屋的抵押。

如果业主无法偿还银行贷款，委托中介公司办理的，房地产经纪人应明确告知业主所需支付的相关费用，并让业主带上抵押合同到公司签订售房委托书、借款合同，查清业主借银行供楼款数目。在去办理赎楼手续前，让业主向公司签借据，带上抵押合同、身份证、婚姻证明（如已婚须配偶同去）到公证处办理委托书。

如果业主不想产生其他费用，想让客户先还的，房地产经纪人可以这样说服客户："×先生，这个业主是没有钱还款才卖的房子，要是有周转资金他可以自己还的，如果业主借钱还的话会产生一些费用，可能在价格上不好谈。您这部分钱可以当作首付，是打到银行还款的，业主是要给您开收据的，并且我们会把这部分钱的金额和用途都写到合同里面的，在这方面我们是比较有经验的，您放心好了！"

第50招　准确计算并明确告知双方所应缴纳的税费

二手房买卖所需缴纳的税费主要有增值税、个人所得税、契税以及房管局的相关交易手续费等。不同地区进行二手住房买卖需要缴纳的税费标准会有所不同，房地产经纪人应以当地政府和相关部门规定的标准告知双方应缴纳的项目以及税率等。

第 2 节　说服客户下定金

如果发现成交意向强的客户，房地产经纪人应抓住时机说服其下定金，并让业主尽快过来收定金。

第 51 招　留意客户成交信号，把握下定金的时机

房地产经纪人可以从客户的表情动作以及言语中判断客户的成交意向程度，比如当客户出现深思、询问其他细节问题以及关注交定金后的交易流程等情况时，房地产经纪人应抓住这些时机引导客户尽快下定金。房地产经纪人一般可以从以下细节观察客户的成交信号：

（1）客户陷入深思。
（2）突然很关心很注意某些重点。
（3）再次询问房源细节。
（4）身体前倾，面部表情从冷漠到亲切随和。
（5）征求第三者意见。
（6）重复某相同问题。
（7）话题非常投机，一直问问题。
（8）询问交定金后的相关手续事宜。

第 52 招　引导有强烈购买意向的客户快速下定金

有些房地产经纪人为了让客户尽快下定金，把这种急切的心情表现在脸上和言语中。有的客户看出房地产经纪人这种强烈的成交欲望后，反而会按兵不动，期待能获得更大的利益。房地产经纪人在引导客户下诚意金时，要

注意以下的几点：

（1）不要操之过急，房地产经纪人要表现出自然随意的样子。

（2）告知客户有其他人也看中这套房子，描述要具体一点，让客户相信。

（3）让客户交定金的时候语气要自然，避免说出："您准备交定金吗？您准备交多少定金？"等话语。

（4）说出房子的优点，言语中暗示客户碰到一个好机会，比如说："要不是业主经济出了点问题，这套房子他才不舍得卖呢。"等诸如此类的话。

（5）下定金的时间越早越好，在下定金的金额上倒是不要计较，只要下定金就好。

（6）要让客户感受到，即使他不买，这套房子也会马上卖出去，比如说："您现在可以下定金吗？这套房子我这边还有两个客户也很感兴趣。如果您方便的话，我们可以签署一个协议，这样，万一有别人有购买意向，还是以您为先的。"房地产经纪人要让客户自己从心里着急起来，而不是自己急着去催促他，这样的效果更好。

第53招　引导犹豫不决的客户下定金

有些客户是看中了房子，但却迟迟不下定金。面对这种客户，房地产经纪人首先要分析客户犹豫的原因，然后针对客户存在的问题采取解决的方法。

（1）分析客户犹豫的原因：

1）想再作比较。

2）同时选中几套房屋，犹豫不决。

3）想付定金，但身边钱很少或没带。

（2）解决方法：

1）针对客户的问题点，再作尽可能的详细解释。

2）若客户来访两次或两次以上，对房子已很了解，则应力促其早下决心。

3）缩小客户选择范围，肯定他的某项选择，以便及早下定金。

4）客户方便的话，上门收取定金。

🍀 第 54 招　解答客户对交定金的疑问

面对有些客户询问为什么要下定金，能否到房管局过户当天再一次性付款等问题，房地产经纪人向客户解释定金对买卖双方的保障作用，向客户说明房管局产权转移的流程，并解释每一步交易流程客户可能面临的风险。

比如，房地产经纪人可以这样跟客户解释："如果业主没有收定，他就有可能卖给任何一个客户，您也就有可能失去购买的良好时机。当您交定金后，公司会转给业主，并且该定金会计入房款，请您放心。而且购房条件一旦落实，业主收了定金后，就不能违约，否则要双倍赔付。"

🍀 第 55 招　劝说业主尽快收下定金

房地产经纪人在收取客户定金后就要告知业主过来收取定金，只有业主收了定金并双方签了合同之后，才具有法律约束力。然而，有些业主由于各种原因并不会及时过来收取定金。面对这种迟迟不来收取定金的业主，房地产经纪人首先应了解清楚业主的心态，并采取对应的措施。

（1）业主不肯收定金的常见心态

1）嫌价格低，但又因为原先认可了该价格，不好意思说。

2）其他中介公司给更好的价格，但又未能落实，业主又不想放弃现有客户，就采取拖延办法。

3）产权方面不完全清晰，又不想讲。

（2）说服业主收定金的方法

1）为业主设定考虑时限

告诉业主买家的定金已在自己手上，如果今晚前都谈不拢的话，买家便会到别家地产公司签下另一套房,希望业主珍惜出售的机会。

2)错失机会是损失

告诉业主其他中介公司的还价是真是假还不知道,但自己的客户的定金是实实在在的,如果到时没有出到那么高价的客户,而现在的这个客户又会等不及而选择其他房源。

3)客户买房是一时冲动

告诉业主客户的购买欲都是房地产经纪人努力追出来的,可能是一时冲动也不定,是自己花了很大努力才使客户下定金的,请业主尽快收下定金,免得客户在想清楚后或受家人及朋友影响而取消交易的。

第56招 应对业主要求客户支付高额定金

面对业主要求客户支付高额定金的,房地产经纪人可以从以下三个角度向业主解释:

(1)定金的支付只是客户有意购买其所售房子的一种诚信的表示,虽然质押了业主的产权证明,这也是业主向公司表示不会再售给其他人。

(2)在产权没有彻底转移前,公司每天都存在着高风险,如果出现问题,将给公司带来无法弥补的损失。

(3)定金的收取中介公司是有规定的。

第57招 规避业主收定金时的常见风险

在将客户的定金交给业主时,房地产经纪人要确定业主的身份并辨别房地产权证的真伪。如果出现不是业主本人来收定金、业主来收定金时没带房产证或不愿留下房产证等情况,房地产经纪人可以参考以下的应对策略:

(1)不是业主本人来收取定金

非权利人无权将权利人的房产变卖,更无权代替权利人收取定金或房款。如果是授权人代业主签署,必须持有经过公证的授权委托书。

（2）业主来收定金时没带房产证

房地产经纪人应根据当时的情况灵活处理，可以让业主回去拿或可以先签好合同，然后公司派人上门去拿，验实无误后，证、钱同时交接。

（3）业主收定金时不愿留下房产证

房地产经纪人应告诉业主收定金时必须将房产证质押在公司，否则不能保证业主不会将此房高价出售，中介公司也无法保证客户的利益。并且如果业主不留下房产证，中介公司就会存在着巨大的风险。

第 58 招　应对业主收取定金后提高价格

面对业主在收取定金后提高价格，房地产经纪人主要可以从以下两个方面入手打击业主的心理期望。

（1）房地产经纪人应该动之以理、晓之以情。房地产经纪人可以从自己所付出的费用和劳动说起，以期达到感动业主的目的。

（2）房地产经纪人应态度坚决地告知业主，这种事情是不行的，房价已经在定金给付之前确定下来，如果现在临时更改，就要承担相关的法律责任。不过房地产经纪人不能大声谴责或埋怨业主的这种行为，只需要将所面临的法律责任明示给业主就可以了。告诉业主因为签署了协议，所以要按照协议内容来执行，否则，客户一定会通过法律手段来维护自己的权益。最终不仅耽误了大家的时间和精力，而且还是要把定金退还给客户，或者按照原来的价格成交，这种做法得不偿失。

第 59 招　应对业主收取定金后将物业进行抵押

面对业主在收取定金后将物业进行抵押，房地产经纪人应做好以下两个方面的工作：

（1）对于业主，房地产经纪人应明确向业主阐明合约的严肃性和法律效力，在最短的时间内追回定金。

（2）对于客户，房地产经纪人应及时通知客户并说明情况，承诺重新帮他另找一套满意的房子，并向有关单位申诉，以期追回定金。

第60招　应对客户在交定金后以各种理由要求退定金

面对客户要求退定金的，房地产经纪人首先要找出客户后悔交定金的原因，然后有针对性地采取相应的应对策略，具体如下：

（1）客户以家人看后不满意为由要求退定金

面对这种情况，房地产经纪人首先应告诉客户定金的含义就是从交定这一刻起业主所卖房子被定下了，如果定金可以退回，也就失去了意义。公司收到定金后会转给业主，不是公司不退而是业主不可能退。

（2）客户以价格太高为由要求退定金

房地产经纪人应向客户指出房价的合理性，这个价格是经过无数次谈判后才达成的价格，劝客户不要被市场的混乱价格所迷惑。因为同一座房子也会因为朝向，楼层等问题而造成价格差异，没有可比性。如果现在退单，是违反协议的，房地产经纪人应当以耐心的语气和态度让客户打消退定金的念头，不要在言语上正面和客户冲突，以免客户恼羞成怒。语气要平和，但要表现出不能退定的坚定立场。

（3）客户以房地产经纪人所说的与房产证信息不同为由要求退定金

面对这种情况，房地产经纪人首先要向客户道歉，但是作为中介，并不是很清楚这种状况。房子已经带客户去看过了，总体质量还是不错，这些细节问题只有到了最后成单的时候，查验证件后才得知，不是故意隐瞒这些情况，请客户相信房地产经纪人。让客户慢慢了解，即使存在这些问题，但是房子的整体价格相对市场而言，还是比较便宜，让客户觉得价格上能接受。同时，将这些情况反馈给业主，让他在价格上做出一些松动或者下调。并告之客户，用这些问题来和业主尽量协商，让客户自己主动聚焦到价格问题上来。要让客户感受到，正是因为有了这些问题，所以才能以十分优惠的价格买到这套房。所有的问题都因为价格的问题而迎刃而解，促使客户成单。

(4) 客户以反感邻居居住环境为由要求退定金

面对这种情况，房地产经纪人要告诉客户一个小区的环境要看大环境，而不是某个具体的小环境。如果不喜欢和邻居打交道，可以不打或少打交道。买房子关键是房子的品质和价格，而且客户和业主的邻居打交道也很少，了解不深，或者只是客户的错觉而已，或者没有那么难相处。而且这都是比较抽象的东西，不能影响合同的履行，所以不能同意客户退定金。

第61招 应对同一套房子有多个客户要下定金

如果是原先有客户预定了，但联系不上，而另一个客户要求马上下定金的，房地产经纪人首先应请示上级，然后继续联络一下客户。如果实在联络不上，此时应和后来的客户交易，但要留下和原来客户联系过的证据，比如电话、信息、电子邮件等，并记录在案，以便将来查验。之后再告知原来的客户已经尽力和他联系了，但是一直没联系上，可以再次为他寻找合适的房源。

如果是新客户预定了，但另一个老客户也要定，房地产经纪人应按照预定优先的原则，留给新客户。对老客户解释清楚公司的制度和规定，请他谅解，如果他换成是新客户，也会理解这种做法的合理性，并热情为老客户推荐其他房源。

第3节 约双方见面签订合同

为了让双方尽快见面并顺利签订合同，房地产经纪人应做足签约前的准备工作，并灵活处理好签约过程中可能出现的双方要求改动合同条款、报低成交价格等问题，以避免给自己带来不必要的麻烦。

第62招 做足签约前的准备工作

为了保证顺利签约，房地产经纪人要做好客户、业主以及自身三方的准备工作，具体如下：

（1）对于客户，房地产经纪人要提醒他签约时应携带未缴足的定金、文件、身份证件等，同时要防止第三者、同行等介入破坏。

（2）对于业主，房地产经纪人要告知他不要受同行干扰，告诉业主在签约之前一定会有其他中介给他打电话，说有高价客户要定他的房子，让业主不要相信。另外，如果该房屋是共同共有，还应告知业主要让共有产权人到场，确实无法到场的，业主要携带共有产权人的身份证件和经过公正的全权委托书，如果有可能的话，要求共有产权人电话或其他方式联系一下，确认共有产权人同意出售此项房产。

（3）对于房地产经纪人自己，要提前做好合同，并告诉同事在签约时不要谈及房源信息等内容，避免客户临时反悔。同时让同事注意保密，以免泄露信息。

第63招　客户下定金后却迟迟不来签约的应对技巧

面对有些客户在下了定金之后却迟迟不肯过来签约，房地产经纪人首先应分析这种客户是由于什么原因而拖着不来，然后再采取相应的解决方法。

（1）分析客户迟迟不来签约的原因

1）客户想通过推迟签约来达到拖延付款的目的。

2）客户对所定房屋开始有所动摇。

（2）应对方法

1）为了避免出现这种情况，房地产经纪人客户在下定时就要提醒客户注意签约时间和违约的处罚细则。

2）如果仍然出现客户不来签约的现象，房地产经纪人可会同公司财务部门发函催付。

第64招　向双方解释合同，迅速签约

房地产经纪人快速签约的要诀主要有以下两个：

（1）在双方见面一起签订合同的时候，房地产经纪人应将合同里面有关房屋的地址、房地产权证号码、面积、价格、税费、付款方式、佣金收费和违约责任等条款向双方解释清楚，因为一旦处理不当，客户或业主容易就合同的某些细节引发争吵。

（2）房地产经纪人解释合同时应由慢到快，先慢慢地解释说明双方资料、房屋面积、房屋地址，然后逐渐加快速度，要诀是照着合同的文字读，避免过多解释，使双方放下戒备心理，顺利签订合约。

第65招　签约过程中双方要求改动或添加合同条款的应对方法

面对客户或业主在签约过程中要求改动或添加某些合同条款的，房地产经纪人可以参考以下的应对方法：

（1）房地产经纪人首先要向其申明公司所采用的合同是××市房管局统一使用的合同版本，目前××市二手房交易基本都采用这种合同范本，肯定不会有问题的，而且作为第三方，公司设有专门的法务部，都由专业律师组成，公司会确保双方交易安全的。

（2）房地产经纪人看看客户要求变更合同的条款和公司正式合同文本有什么区别，如果没有什么大的冲突，对中介公司的利益没有什么损害，可以要求客人将需要改动的部分加在范本合同的补充条款上，由公司的律师斟酌，然后按照律师的指定意思办。

（3）如果客户要求增加合同条款的内容超出公司所能承担的责任范围之内，房地产经纪人要告诉客户这种要求是不合理的。合同的范本是国家制定的，已经指出了中介公司的责任范围和义务。本来房屋销售合同就是业主和买主之间的一个交易合同，中介只是以自己的专业和服务促使交易达成，起到一个推动和监督的作用。但是如果把本来由交易双方承担的责任现在转嫁给中介公司，对于中介来说是不公平的。不管有没有这样的条款，中介公司从自己的信誉和房地产经纪人利益方面考虑，把服务做好，并按照相关流程来监督并提供服务，同时会有效地保护双方的利益。

第 66 招　双方要求报低价的正确处理方法

在签订合同的过程中，买卖双方为了达到避税的目的，会要求网签时报低成交价格，面对这种情况，房地产经纪人可以分别从双方的角度说明这种做法的风险性，让双方打消这种想法。

（1）对于买方，房地产经纪人可以告知他报低成交价格时会影响贷款的金额，另外，由于买入价低，再次卖出的价格和买入价之间的差额增大，再次缴纳的营业税和个人所得税等税费加大。

（2）对于业主，房地产经纪人应告诉他买方有可能以在房管局备案的合同要挟，要求卖方降低房屋出售价格。

第 67 招　协调解决因合同条款约定不明而出现的纠纷

中介公司的性质就是提供居间服务，在服务的过程中出现相关问题，房地产经纪人首先要站在一个公正的立场上，耐心倾听双方的意见，具体可以参考以下的做法：

（1）房地产经纪人可以礼貌地要求双方坐下来，就出现的问题进行协商，找出双方的分歧之处，探出双方的底线，听听双方各自的理由是否能成立，情况是否真实，签署的合同有哪些责任不明，应按照怎样的处理原则，然后找出一个双方大概可以接受认可的方案。

（2）把双方分开单独谈。

1）对于业主，要指出接受这样的条款对于房屋成交的重要性。如果因为条款的不明导致交易失败，有点得不偿失，而且客户也做出了一定的让步。

2）对于客户，要指出这套房子的性价比高，让客户感受到即使自己做出点让步，但是这套房子还是值得一买，而且现在业主已经做出一些让步，如果自己不接受，可能导致交易无法完成，慢慢引导客户接受房地产经纪人拟定的底线。

房地产经纪人此时做的只能是居间调和，力促双方的意见最终达成一致。

第 68 招　应对双方以各种理由要求取消合同的技巧

在签订合同之后，可能出现客户以资金不到位、房地产经纪人的口头承诺没实现以及其他不可抗力等为由要求取消合同。

（1）因不可抗力因素要求取消合同

如果是因为不可抗力导致业主或客户取消合同，房地产经纪人可以按照原先的合同内容执行，同时建立好档案，及时跟进。等不可抗力消失后，再及时和客户业主联络，继续完成交易。

（2）双方以不合理的理由要求取消合同

对于双方以不合理的理由要求取消合同，房地产经纪人不能同意，但语气要委婉，看看有没有其他的解决或替代方案。如果客户还是想取消合同，那房地产经纪人需要问客户是否是有其他的原因，如果有，看是否可以找到合适的替代方式来帮他，如果客户不想交易了，也不想购买其他房源了，那么要求客户按照已有书面的协议来执行，支付相关费用。

第 4 节　收取足额佣金

房地产经纪人付出大量的时间精力促使双方完成交易并协助办理后续交易手续，保障交易的安全。因此，需要向其收取一定的佣金。然而，房地产经纪人在收取佣金时经常会遇到客户要求佣金打折或者不按合同规定时间支付佣金等问题，因此，房地产经纪人需要掌握相应的技巧以保障收取足额的佣金。

第69招　让客户心甘情愿地支付佣金

为了让客户心甘情愿地支付佣金，房地产经纪人需要做到以下几项内容：

(1) 提供客户满意的专业的中介服务，让客户认可房地产经纪人的劳动价值。

(2) 告诉客户没有房地产经纪人，他不一定能买到现在这样满意的房子，而且房地产经纪人在烈日和风雨中领着客户看房，一遍遍帮客户和业主讨价还价，终于把价格谈成一个双方都能接受的合理价格，其实客户取得的收益是远大于支付的佣金的。

(3) 中介公司正是有了佣金才可以生存，房地产经纪人收取的只是国家规定的佣金，同时也是对自身专业服务的一个肯定。客户在其他方面，获取服务也需要支付费用，这是市场经济的原则。

(4) 在与客户谈价时，就应提及公司应收的佣金的情况，不要等到什么条件都谈好了的时候再谈佣金，尽可能让客户认可房地产经纪人的服务并给足佣金。

第70招　有效消除客户对公司收佣金过高的心理

对于客户认为公司收取的佣金比其他中介公司高，房地产经纪人主要可以从以下两个方面的说明来消除客户的这种心理：

(1) 跟客户说明公司佣金的收取比例是按照行业规定的收费标准来收取的，公司收取的佣金可能比其他中介公司稍微高一些，但还是在规定的佣金收取比例范围之内。

(2) 将公司的优势和服务品质告诉客户，从客户的角度说明这些优势和服务品质能够给客户带来什么利益。比如，房地产经纪人可以重点说明自己的服务高效、专业，能够给客户省时省力。房地产经纪人可以这样说："我们提倡的就是专业、高效的服务，同时能节省出您和业主许多时间，许多精力。您也许还没有体会到,有很多客户看房时间越长买房就越难做决定,现在这套房是非常适合您的,机会难得。"

第71招　灵活应对客户要求减少佣金

面对客户要求房地产经纪人减少佣金的,房地产经纪人要分析客户是以何种理由要求公司减少佣金的,并采取相应的应对措施。

(1) 客户直接询问能否减佣

这种客户有时真实试探性地询问,房地产经纪人首先应该向客户阐明公司的相关制度,表示佣金折扣不是房地产经纪人能做主,而且客户要求降低佣金会让上级感觉自己的服务有欠缺,并指出自己这行的艰辛和自己为客户服务的一些细节。

如果客户一再坚持,房地产经纪人要最少请示上级2次以上,并做适当的象征性的折扣。如果佣金已经体现在合同上,则按照合同来办理。态度要和蔼,并恭维一下客户,这点钱对于房地产经纪人很重要,对于客户来说都是小数目,希望得到客户的理解。

(2) 客户看好房要求减佣

如果客户在其他中介公司看好房子,要求减少佣金就在这里成交,房地产经纪人可以先请客户稍等,然后自己多次请示领导。次数多了,客户可能就会觉得这个价格确实有点低了。然后在谈话中慢慢了解客户所能接受佣金的心理底线,让经理直接面见客户,在这个底线上加价。最后向客户介绍公司的良好服务流程,让客户了解服务的差异化,房地产经纪人可以把所有的服务分项列开,让客户付出佣金后感受到物有所值。如果客户坚持,可以给予一点折扣,以免客户前往其他公司,同时尽快约业主过来签约。

(3) 客户以自己能联系到业主要求减佣

面对这种客户,房地产经纪人应尽可能表现出平静或者不在乎,不可以激怒对方,激化之间的矛盾,更不可以威胁、恐吓客户,房地产经纪人可以以退为进,先抑后扬。承认自己的不足,但保证今后的服务会做得更好,提高对方满意度，同时要表明自己的立场，暗示客户不要做有失身份的事情。

第72招　明确佣金支付时间

对于客户要求在过户后再支付佣金，房地产经纪人可以从以下两个方面明确告诉客户签完合同就需支付佣金。

一方面，告诉客户公司规定先收取佣金主要是为了保护买卖双方的利益，同时也是为了更好地向双方提供服务，房地产经纪人会跟踪整个交易过程并协助办好产权证和其他相关手续。而且，不同阶段的工作由公司不同的部门负责跟进，所以公司要求客户在规定时间内付清佣金。如果没有收到的话就没有办法把单子交到总部，这样就不能开展办理后续工作。

另一方面，跟客户强调公司的品牌好，在行业和客户中的口碑都非常好，让客户不用担心。另外，如果是因为公司的责任导致无法过户的，公司会全额退款。

第73招　应对客户想跳过公司跟房地产经纪人私下成交

面对这种情况，房地产经纪人可以从以下几个方面说服客户放弃这种想法：

（1）公司是一家大公司，都是大专以上学历，是很正规的，房地产经纪人不会因为一点个人利益而损坏公司的利益和品牌。

（2）公司会帮客户办理一切手续，私下成交有很大风险，不值得。

（3）如果交易中出现什么问题不是几万元的中介费，而是几百万元，会耗费客户的无数精力、时间。

（4）房地产经纪人可以结合因私下成交而导致无法成功过户的实际案例，告知客户可能面临的资金风险和法律问题等。

第 6 章

办理后续交易手续，保障物业顺利交接

- 办理后续交易手续
- 做好物业交接工作

在签订合同之后，房地产经纪人需要做的是协助买卖双方顺利完成后续的交易手续，具体包括客户的按揭贷款申请、双方到房管局办理递件过户手续等，并按约定的时间协调双方做好物业的交接工作。

第1节 办理后续交易手续

买卖双方是否能配合房地产经纪人按照合同约定办理相关手续是成功交易的关键，面对后续交易流程中双方可能出现的矛盾，房地产经纪人应耐心地协调，并掌握相应的应对技巧处理双方面对的难题。

第74招 明确告知交易流程，确保双方安全交易

房地产经纪人在协调买卖双方办理手续时，可能会面对某些客户要求先递件后申请贷款，先拿到新房地产证再放款或有些业主要求递件时收到全款等情况。为了避免这些情况的发生，在签订合同前就应跟买卖双方明确正规的交易流程，如果买卖双方对流程有疑问的，房地产经纪人具体可以参考以下的应对措施。

（1）客户要求先递件后申请贷款

面对这种情况，房地产经纪人可以告诉客户银行审查贷款资格时要看房产证，如果先去过户，房产证已送到房管局，银行无法批贷款承诺函给他，另一方面，业主必须看到银行承诺函后，才会去办理递件过户。

(2)客户要求先拿到新房地产证后放款

面对这种情况,房地产经纪人可以告诉客户银行现在是见到领证通知单和契税票后即放款,这种做法对双方都是有保障的。

(3)客户交了首期款后要求先入住

面对这种情况,房地产经纪人可以告知客户只有当房子的产权发生了转移之后,购房者才能取得钥匙并装修或入住。

(4)业主要求在递件时收到全款

面对这种情况,房地产经纪人可以告诉业主递件只是将转移申请表、房地产原件以及买卖双方的身份证明等资料递进了房管局的办文窗口而已,并不代表过户,出税单几日后产权才可做变更登记,如果有查封等限制转让的因素,将给客户造成巨大风险。同时,房地产经纪人要充分展示公司的实力,取得业主的信任,如果业主还是不放心,房地产经纪人可以建议到银行办理资金监管,这样可以充分保障双方的利益,相信客户、业主均能接受。

委托房款监管即是指将购房款和产权证交由提存(监管)方统一管理,待产权转移登记完成即买方产权证出证后,再由监管方通知买卖双方同时领证、领款。

第75招 协助客户申请办理银行贷款

为了能让客户成功地申请到银行贷款,房地产经纪人应尽可能地说服客户选择公司的合作银行,并要求业主配合客户申请贷款。

如果客户提出要求自己办理贷款的,房地产经纪人可以告诉客户公司合作的银行很多,客户可以任选,而且公司跟这些银行是长期合作,所以办理手续能相应快些,从而保证效率。如果客户需要贷多一点评估价还可以评高一些。另一方面,告诉客户业主希望用公司的合作银行,业主认为其他银行不能保证安全。作为中介方也有义务保证客户如期拿到房子的同时业主也拿到如数的房款。

如果遇到有些业主不愿意配合客户到银行申请按揭贷款的,房地产经纪人可以跟业主解释去银行是对业主收款的保障。比如，房地产经纪人可以这样说："您去银行的目的主要是向银行确认客户购买房子的贷款是直接放在您的账号上，这是公司和银行对您放款应负的责任。"

第76招　应对客户由于自身原因申请不到银行贷款

如果遇到客户是因为自身的原因申请不到银行贷款，房地产经纪人可以从以下两个方面考虑帮助客户解决：

（1）让客户尝试通过其他渠道筹集资金，比如：向亲戚朋友预支、借钱；看客户是否还有其他物业在手，如果有的话可以向银行申请个贷等。

（2）告诉客户是由于其自身的原因导致贷款无法完成，责任不在业主和中介，应按照合同相关条款来执行。执行相关条款时，先与客户协商，了解客户的底线是什么，比如能否适当地给予业主一些经济补偿。然后房地产经纪人会代表客户与业主协调，看业主是否同意客户所提议的条件，与业主进行协商。

第77招　业主不按约定时间办理过户的应对策略

如果业主不按照合同约定的时间到房管局办理过户手续的，房地产经纪人可以参考以下的应对策略：

（1）房地产经纪人要向客户说明原因，取得客户的理解和原谅，并向客户承诺会尽力尽可能督促业主及早过户。

（2）房地产经纪人应向业主说明合同的法律效力和违约将承担的法律和经济责任，催促业主尽早过户。

第78招　在过户之前税费发生变化的应对策略

如果因为政府出台的政策导致税费的增加，房地产经纪人可以从以下几个方面说服客户继续完成交易：

（1）国家重大政策的出台和变化属于不可抗拒力量，这也是中介公司不愿意看到的，如果客户去购买其他房子，同样也要承担政策因素带来的成本增加。

（2）政策性的东西是长久的，不是一两天可以发生变更的，无论什么时候买房子都不能绕过政策这一关。

（3）客户现在购买的这套房子总体来说性价比也还不错，只是由于政策因素导致了一些成本的增加，就当房子出售时本来就是这个价格，慢慢让客户接受这个事实。

第79招 客户不愿意支付过户手续费用的应对策略

面对有些客户在过户的时候不愿意支付相关的手续费用，房地产经纪人可以从以下几个方面入手说服客户支付：

（1）中介作为居间人，收取的是服务费用，过户产生的相关手续费用不是中介另行收取的，而是国家征收的，与中介无关，这是房产过户中必须缴纳的费用。

（2）具体费用由谁来支付，在合同的条款里面都有体现，要求客户按照合同来执行。对于合同条款里面没有预先声明的款项，可以按照双方成交的满意程度，找满意度高的一方收取相关费用，或者协调由双方共同来承担。

（3）提醒客户，如果不缴纳费用而导致交易失败，中介的费用会在合同中得到保证，最终受损失的还是他自己。不过要注意态度和蔼，尽量帮助双方来协调。

第2节 做好物业交接工作

一般情况下，在办完过户手续以及业主收到全部房款之后，房地产经纪人应约好买卖双方进行物业交接，并掌握在交房的过程中可能出现的双方对交房时间、相关费用的结算、是否保留家私电器等问题的应对技巧，以保证物业顺利交接。

第 80 招　应对业主不如期交房的技巧

面对到了交房时间但业主却迟迟不交房的，房地产经纪人可以参考以下的应对技巧：

（1）告知客户自己正在与业主紧急联系中，如果一有业主的消息，就马上和他协商。在客户没有再次提出要求之前应隔段时间给客户打个电话，告诉他业主还没有回来或没有联系到业主，让客户认为房地产经纪人每天都在和业主联络，让客户感受到房地产经纪人的真诚服务。

（2）在联系到业主之后，应及时提醒业主交房时间和迟交房所应承担的法律责任。如果业主还是不能如期交房，房地产经纪人应当告诉业主，如果不如期交房，应当支付一定的金额当作赔偿补给客户。

第 81 招　应对客户要求提前入住的技巧

面对客户在没有办完交易手续就想提前入住或装修的，房地产经纪人可以参考以下的应对技巧：

（1）首先可以跟客户说明他的要求自己会完全转告业主，然后咨询业主的意见，让业主自行决定。

（2）如果业主不同意，房地产经纪人可以告诉客户，因为业主自己家里还有人居住，想不到房子这么快就会卖出，还没有心理准备，但是会尽快搬，或者是房子正在搬家中，或者联络不到业主，但是房地产经纪人会尽快优先办理手续，让客户稍微耐心等待几天，等交易完成了，业主也必须搬出去了。

第 82 招　客户留存押金，避免业主欠费

为了避免出现客户入住时才发现业主欠费等情况，房地产经纪人应做好以下的工作：

（1）在签约时，合同应约定留存部分房款作为押金。

（2）在交房时，房地产经纪人和客户应仔细检查房屋的各项费用是否已经缴清，具体包括电费、水费、燃气费、有线电视费、宽带电话费以及物业管理费等。告诉客户如果确定业主无欠费情况，再将押金归还给业主，以确保原业主无欠费情况。

（3）如果因为某些原因导致客户入住之后才发现原业主欠费，则作为房地产经纪人，会尽力帮他联络原业主，让双方进行协调解决。如果联系不上，可以尝试协助客户去派出所，看看业主的迁出户口地址迁往何处，能否依据地址来找到业主，然后依据书面承诺要求业主来补缴费用。或者当着客户的面使用各种联络方式来通知业主，让客户知道，并不是房地产经纪人隐瞒或者故意不和业主联系。同时告知客户，一有业主的任何消息会及时通知他，客户自己也要留意，看看有没有邻居，物业，单位等相关部门和亲戚朋友在原来的地址来找业主，看看能否知道业主的下落，找到后按照原来书面的协议来执行，客户暂时先把费用补上。

第 83 招　灵活处理业主将承诺赠送的家私电器搬走

在交房时如果发现业主将原先承诺附送的家私电器搬走了，房地产经纪人应首先查看之前签订的合同有无明确约定。

如果有书面合同，应按照书面合同和业主交涉，要求业主履行约定，否则将承担相应的责任。

如果没有书面文字，只是口头承诺，房地产经纪人只能和客户一起向业主协调。房地产经纪人可以先和客户私下商量：如果客户真的需要这些家电

的话，可以象征性地出点钱来买。同时告诉业主，有些旧的家具也是没有多大价值，但是现在客户已经住进来了，没有这些旧的家具不是很方便，而且房屋总体的出售价格也很理想，看看业主的反应。如果业主还是不愿意，那么将客户愿意出点钱将其买下，这样一步步来打动业主。

另外，房地产经纪人为防止业主临时反悔，应该在签订合同的时候，要求业主和客户双方在合同备注上写明房屋附送的家电名称、品牌、数量等详细内容，并指明合同签署的严肃性。在双方同意的前提下，签署协议。如果到时发现家电被搬走或偷换，可以依据合同条款和业主进行交涉。

第84招　交房时相关利益人不搬出的应对策略

如果交房时，业主的相关利益人不搬出，房地产经纪人可以参考以下的应对策略：

（1）首先房地产经纪人要和业主商量出如果相关利益人搬出，业主将怎样安排他们的一个好的解决方案。

（2）然后房地产经纪人会同客户和相关利益人商量，晓以利害。比如客户会按照合同来执行，或者合同取消会给业主造成什么样的利益损失，并礼貌地将解决方案转述给他们。让利益相关人知道这样做所面临的后果以及给业主带来的损失。

（3）最后，房产经纪人再通知业主劝说相关利益人，让他们搬出。

第 7 章

提供售后服务，持续长久稳定的客户关系

- 提供良好的售后服务
- 进行有效的客户回访

房地产经纪人在协助业主客户办理完后期的交易手续之后，并不意味着将不用再跟业主客户联系，相反地，房地产经纪人应热心帮助客户解决入住后可能遇到的难题，并定期跟踪回访客户，与客户建立持久稳定的良好关系。

第1节 提供良好的售后服务

房地产经纪人通过提供良好的售后服务，不仅可以为业主客户提供方便，同时也可以使房地产经纪人更加了解客户的情况，及时跟进，并获得更多的商业机会。

第85招 做好全面的售后服务

房地产经纪人可以提供的售后服务包括房地产信息及其他相关事宜的咨询、业主与租客之间矛盾的调节、定期回访、各种费用的代收代付等，具体要注意以下几个要点：

（1）在交完房后，客户、业主可能还会碰到一些小事，房地产经纪人应热心帮忙。不要觉得佣金已收，房子已交，就不关房地产经纪人的事了，业主、客户作为一个消费者，只有得到满意的服务，下次才会选择该房地产经纪人或者推荐其他有购房需求的亲朋好友。

（2）定期给业主客户打电话询问情况，嘘寒问暖，在特殊的日子（如客户生日、节假日等）前去拜访客户，送一些小礼品，让职业化的工作添上一两分人情味，更能体现出自己的与众不同。

（3）面对客户的询问，房地产经纪人要有耐心。房产交易对于房地产经纪人来说可能很简单，但对于初次置业者是一个复杂的过程，他要跟多个部门打交道，会牵涉到很多税和费。有时一个简单的程序跟业主和客户讲一次不一定会明白，可能要讲两次、三次，甚至四次才能明白，因此房地产经纪人需要有耐心。

第86招　协调解决租客入住后与业主的纠纷

面对有些租客对租住房屋进行私自改建，业主发现后过来找中介公司和房地产经纪人的，房地产经纪人也应帮忙协调处理。虽然中介提供的是居间服务，在交易完成后，中介公司不可能监督所有客户的行为，但房地产经纪人还是应帮助业主，具体可以参考以下的做法：

（1）房地产经纪人可以当着业主的面给客户打个电话，稍微提醒一下客户，告诉业主的投诉内容。

（2）房地产经纪人可以建议业主和客户约定个时间来和客户协商。

（3）如果协商不成，房地产经纪人可以提示业主依照合同通过法律解决。

第2节　进行有效的客户回访

无论客户成交与否，房地产经纪人都应对每一位接待过的客户的信息分别建立档案并定期回访。对于成交了的客户，房地产经纪人通过回访可以了解客户对此次交易的满意程度并对自己服务过程中的不足之处进行改进。对于还没成交的客户，房地产经纪人通过回访可以掌握客户的最新需求动态，从而可以给客户提供更有针对性的服务以满足客户的需求。

第 87 招　回访前做好客户细分工作

在进行客户回访之前，房地产经纪人首先需要对客户进行细分，并根据具体的客户类型制定不同的服务策略，提高客户服务的效率。

房地产经纪人进行客户细分的方法可以多样化，比如按照客户的来源分类，可以分为电话咨询客户、自主开发的客户、广告宣传引来的客户、老客户推荐等。根据客户的消费层次分类，可以分为高端客户、中端客户和低端客户。根据不同的年龄层次分类，可以分为老年客户、中年客户、青年客户。在对客户进行细分之后，房地产经纪人根据不同的客户类型有针对性地进行跟踪服务。

第 88 招　建立详细的客户档案

房地产经纪人需要建立一份详尽的客户档案并且要在客户跟踪的过程中不断调整，以明确知道该重点跟踪哪个客户及其真正需要什么，该从何处打动他。

（1）客户档案的主要内容包括：

1）客户的基本信息，比如电话、地址、收入、家庭情况、爱好等，越详尽越好。

2）客户对房源的要求条件。

3）交易记录：客户来源、看房记录、成交记录等。

4）成交或未成交的真正原因。

5）根据客户成交的可能性，将其进行分类，以便日后有重点的追踪回访。

（2）建立客户档案的注意事项：

1）档案信息必须全面详细。客户档案所反映的客户信息，是房地产经纪人对该客户确定一对一的具体销售政策的重要依据。因此，档案的建立除了客户名称、地址、电话等这些最基本的信息之外，还应包括客户性格类型、消费能力、需求意向等更深层次的因素。

2）档案内容必须真实。房地产经纪人员的调查工作必须深入实际，才能为客户提供切实的服务。

3）对已建立的档案要进行动态管理。建立客户档案并不是一项一劳永逸的工作，房地产经纪人需要通过高频率拜访，及时获悉客户各方面的变更和变动，将对应的档案信息内容更新，做到与市场实际与客户实际相吻合。

第89招　确定合适的回访时机

房地产经纪人除了定期进行客户回访外，还可以在一些节日回访客户。

（1）定期做回访

定期回访可以让客户感觉到房地产经纪人的诚信与责任。定期回访的时间要合理，比如客户咨询后一天、一周、一个月、三个月、六个月为时间段进行定期的电话回访。

（2）节日回访

节日回访是指在平时一些节日回访客户，同时送上一些祝福的话语，以此加深与客户的联系。这样不仅可以起到亲和的作用，还可以让客户产生一些优越感。

第90招　采用合适的回访方式

房地产经纪人进行客户回访有电话回访、电子邮件回访以及当面回访等不同形式。从实际的操作效果看，电话回访是最常见和最有效的方式。

房地产经纪人进行电话回访时应当礼貌、诚恳、热情，并确定客户是否方便接听电话，了解客户入住后的感受，寻求其他的委托需求。比如对于成交了的客户，房地产经纪人可以这样跟客户说："您好！×先生，恭喜您乔迁新居，住得还好吗？感谢您对我们公司的信赖和支持，谢谢您给了我一次为您服务的机会，可不可以给我提个建议，也好让我下次可以有机会更好地为您服务？"

第91招 有效进行电话回访的要点

有效的电话回访可以为房地产经纪人建立强大的客户网络，获得更多的成交机会。房地产经纪人在进行电话回访时应注意以下的几个要点：

（1）语气要有激情，要充分自信，内容要有新意。

（2）及时通报最新房源和市场行情等情况，让客户掌握信息。

（3）电话回访的时候，应再次激励客户前来选购，并与客户达成再次通话的时间。

（4）事先准备好谈话的内容、顺序和节奏后再打电话，并参照以前谈话的内容，尽量避免重复话题，浪费时间。

（5）最好不要在中午打电话，以免影响客户休息。

（6）回访密度不宜太高，以免引起客户反感。

（7）回访还没成交的客户的时间间隔也不宜太长，及时掌握客户的需求变化。

（8）电话结束前，婉转要求客户帮忙介绍有需求的客户。

第92招 正确对待回访时客户的抱怨

房地产经纪人在进行客户回访的时候可能会遇到客户的抱怨，客户的抱怨一般来自于对房源本身、房地产经纪人的服务态度、服务能力等不满意。房地产经纪人应正确对待客户的抱怨，具体要做好以下两点：

（1）房地产经纪人要平息客户的抱怨。

（2）房地产经纪人要了解客户抱怨的原因，并通过解决客户的抱怨，总结服务过程，提升服务能力，而且可以更好地满足客户需求，在满足客户的同时创造价值。

第 8 章

掌握基本职业要求,保持积极工作心态

- 房地产经纪人基本的职业要求
- 调整不良心态,保持积极的工作状态

作为房地产经纪人,除了熟练掌握日常的业务流程以及处理各项业务的技巧方法之外,还应在日常的工作中不断提高自己的职业素养、不断改善自己待人处事的方式并养成良好的工作习惯。另外,由于中介行业竞争激烈,房地产经纪人还应学会调节自己的消极情绪并保持积极的工作心态。

第1节　房地产经纪人基本的职业要求

为了能给客户提供更加专业周到的服务进而提高自身的业绩,房地产经纪人首先应具备良好的职业道德素质,并掌握充分的专业知识、全面提高综合业务能力、养成良好的日常工作习惯以及掌握标准的礼仪规范等。

🍀 第93招　具备良好的职业道德素质

具备良好的职业道德素质是房地产经纪人成功的首要条件,为了能在竞争激烈的中介行业中生存和发展,房地产经纪人有必要改掉自身的不良品质。房地产经纪人应具备的良好的职业道德素质主要包括:

(1)诚实信用

房地产经纪人在进行销售活动的过程中,应本着实事求是的精神,以善意的方式开展销售活动,不隐瞒、不虚构事实,不串通一方恶意欺诈另一方,不乘人之危。在促成交易的过程中,不在中间弄虚作假,隐瞒欺诈,或做一些不合实际的承诺,损害客户利益,在销售活动中要一诺千金,恪守信用,严格按照合同的条款办事。

(2) 爱岗敬业

房地产经纪人要热爱本职工作,敬业乐业,不断提高个人素质与理论水平,完善自己的知识结构,对业务精益求精,对工作高度认真负责,一心想着事业,全力以赴。

(3) 有责任感

房地产经纪人要忠于自己的客户,认真为客户负责办好委托的业务,认真履行合同,善始善终。

(4) 遵纪守法

房地产经纪人要学法、知法、用法和守法。在进行销售活动时,房地产经纪人必须保证销售活动的合法性,严格遵守各项法律、法规和行政规章制度,认真贯彻政府的方针和政策,开展业务不超越政策允许的范围。所有的收费要以政策规定为依据,不违规操作,不谋取违反职业道德的额外收入。

(5) 团结协作

房地产经纪人在充分发挥个人潜能的同时,要以公司整体利益为根本,要有全盘意识,具有团队合作精神。房地产经纪人之间应当相互尊重、团结协作、平等竞争,而不是相互攻击、相互拆台、随意抢夺其他房地产经纪人的客户。要提倡房地产经纪人的联合协作,优势互补,利益共享,共同促进发展。

第94招 掌握充分的专业知识

为了能取得客户的信赖并为客户提供更专业的服务,房地产经纪人应具备扎实的专业知识,包括基本的文化知识、相关的法律法规、房地产知识、市场营销知识以及金融知识等,具体内容如下:

(1) 文化知识

房地产经纪人应具备一定的文化水平,随着市场现代化的发展,还需要掌握基本的计算机操作。

(2) 房地产政策法规与相关法律知识

熟悉各地区有关的房地产政策、法规,了解商法、民法(有关代理)、合同法及相关税法。

（3）房地产相关知识

1）房地产市场基础知识

房地产经纪人应当熟悉房地产市场体系结构和房地产基础知识。

2）房地产估价知识

熟悉房地产价格的构成及影响房地产价格的各种因素。

房地产价格构成的基本要素：①建构成本；②经营费用；③相关税费；④合理利润。

影响房地产价格的各种因素：①政治形势；②政策、法规；③宏观经济；④地区经济；⑤市场供求（决定性因素）；⑥地理位置；⑦环境配套；⑧建筑状况。

3）建筑规划设计基本常识

熟悉建筑设计（平面结构、使用率等）、楼层、方位、设备、装修标准等基本常识及其对消费者的影响。

（4）市场营销知识

房地产经纪人应掌握市场调研、投资分析、项目定位、营销策划、销售推广等方面的知识。

（5）房地产金融知识

房地产经纪人应当了解涉及房地产开发经营、房地产交易，或影响房地产市场波动的银行贷款、按揭、保险、证券等方面的房地产金融知识。

（6）其他方面的知识

不同时期不同区域的社会、经济、文化、观念、城市建设、产业结构、消费群体等都会对房地产市场产生不同的影响。许多相关的边缘知识，对于房地产经纪人来说是很重要的，主要包括：

1）经济学

经济发展的周期与社会经济发展变化对房地产市场影响很大，了解这方面的知识，对于房地产市场的运作有一定的指导性。

2）消费心理学与消费行为学

消费心理学与消费行为学在房地产市场营销中的运用，主要用于房地产房源的定位、价格定位、形象定位、广告定位、推广销售、促成交易与售后服务等方面。房地产经纪人要了解客户消费心理的需要和购买行为，掌握客户的购买心理和特性，了解客户在购买过程中存在的求实、求新、求美、求名、求利的心理以及偏好、自尊、仿效、隐秘、疑虑、安全等心理，才能有的放矢。

3）社会文化学

房地产市场是区域性市场，不同区域的房地产，都渗透着不同的社会文化与地方特色，房地产经纪人要了解不同的社会文化背景与地方特色，才有可能赢得市场。

4）城市规划与建设发展

城市规划与建设发展对房地产市场的发展影响很大，房地产经纪人必须了解经营区域的城市规划与建设发展，以便顺应和推动房地产市场的发展。

第95招　全面提高综合业务能力

作为房地产经纪人，为了能取得出色的业绩，除了要掌握足够的专业知识，还需不断提高自身的沟通能力、学习能力、分析能力、协调能力、执行能力以及创新能力等。

（1）沟通能力

房地产经纪人平时要和人打交道，如何和客户、业主、同事之间实现良好的沟通是成功的关键。

1）跟客户沟通的能力

① 采用合适的沟通方式

房地产经纪人要与各种各样的客户打交道，面对不同的客户，要善于运用恰当的表达方式与客户交往，并有效地说服客户，才能赢得客户的认可，并最终促成交易。

② 善于赞扬客户

a. 发自内心，不可信口开河，矫揉造作。

b. 应就事论事，不可言过其实。

c. 应具体，不抽象。

d. 贵于自然，应赞美对方于无形之中。

e. 适可而止。

③ 用心捕捉客户信息

房地产经纪人在跟客户沟通的时候要注意客户的微妙反应，从而时刻调整自己的推销策略。一旦在与客户的交流过程中捕捉到新的信息，那么就要立即有针对性的介绍。如果客户对房地产经纪人的讲解很满意，那么就可以提高成交的概率。

2）跟同事或上级沟通的能力

① 有一些想法要及时和上级或同事沟通。

② 别人说的时候要认真倾听。

③ 注意与人沟通和请教的时候态度要真诚。

④ 每个人都有被尊重的愿望，要尊重每个人。

（2）学习能力

房地产经纪人要不断地学习新的知识，汲取营养，向优秀的房地产经纪人学习，学习他们身上好的品质，并应用到实际工作中去，才能确保持续地获得成功。优秀的房地产经纪人总能凭着出色的学习能力，最大程度地把握社会与客户的发展变化，以知识为后盾，充分地做好前进准备。房地产经纪人不能止于达到现有资格考试的要求，而应该积极主动地对房地产经济、金融、法律、城市历史等各方面知识进行系统学习。

（3）分析能力

房地产经纪人要具备对市场机会的敏锐分析能力，要学会发现市场机会，抓住市场机遇，不断找出市场的空白或者是新的业绩增长点，以便采取相应措施，提高成功率。

（4）协调能力

房地产经纪人应当具备一定的组织协调能力，处理好买卖双方之间、房地产经纪人与客户之间的关系，解决好交易过程中出现的各种问题。

（5）执行能力

房地产经纪人在发现问题之后，要懂得如何去解决问题。

（6）创新能力

房地产经纪人要想从成百上千的房地产经纪人中脱颖而出，就必须做到人无我有、人有我精。自己的每次实践要有特点，要体现专业化，要与众不同。比如同样是开发客户，其他房地产经纪人都在贴条、搞陌生拜访，房地产经纪人为了给客户留下深刻的印象，可以模仿优秀的房地产经纪人的经验，但不能复制，这就需要房地产经纪人的创新能力。

（7）人际交往能力

建立良好而广泛的人际关系是房地产经纪人成功的关键，房地产经纪人在人际交往中，要建立广泛的工作联系，沟通思想，联络感情，平易近人，善与人和。好的人际关系是一种无形的财富，要和谐地处理来自四面八方的各种人际关系。

1）房地产经纪人要尽可能扩大自己的交际圈。和各行业的人员交往，往往行业不同，看问题的思路和角度也不一样，经常交流和沟通有利于自己的提高。

2）和客户交朋友，与客户接触时，要抱着交朋友的心态，而不要将心思仅仅放在争取他成为客户，要学会和客户聊天，了解客户内心的需求，很多时候客户只是靠和房地产经纪人接触的感受来做出决定。

第96招　改善错误的说话方式

房地产经纪人为了提高自身的销售业绩，应当避免错误的说话方式，并通过养成良好的说话习惯和掌握恰当的说话技巧以达到跟客户更好地沟通交流。

（1）常见的错误说话方式

房地产经纪人常见的错误的说话方式有以下几种：

1）反驳

如果房地产经纪人不断打断客户谈话，并对每一个异议都进行反驳，会使房地产经纪人失去在最适合时间找到客户真正异议的机会，而当这种反驳不附有建议性提案时，反驳仅仅是一时痛快，易导致客户恼羞成怒，中断谈话过程。

2）自吹自擂

房地产经纪人不要在客户面前把自己吹得神乎其神，不适当的自我表现会导致很多不良后果。在客户面前，自信的同时应表现出应有的谦虚，使交谈能在友好的气氛中进行。

3）自贬

如果房地产经纪人在客户面前总说自己的不足之处，久而久之，客户也就逐渐认为房地产经纪人真的不行。房地产经纪人应保持良好的精神面貌，充分展示出对自己、对公司、对房源的信心。

4）攻击性

有时客户会反映其他物业比本物业更具投资价值，面对这种情况，有些房地产经纪人可能会立刻进行反驳，攻击客户的观点。

5）说大话

如果房地产经纪人经常说一些不着边际的话会逐渐丧失客户对自己的信任。对于没有把握的事情，房地产经纪人不能随意地满口答应，应适当采用迂回战术，在调查清楚之后再给客户以满意的答复。

6）口若悬河

优秀的房地产经纪人并不一定口若悬河，讲个不停，而应当是适可而止，讲究一个度字。

7）爱抢话头

如果房地产经纪人在与客户交谈时，总是争抢说话的机会，甚至打断客户，剥夺了客户的说话权，很容易引发客户的不满。

8）啰嗦

当客户没有产生自己所期待的反应时，有些房地产经纪人便会感到不满意，而絮絮叨叨地反复同样的话，或者由于太过兴奋而仍旧重复同样的话题。

9）口头禅

房地产经纪人要注意自己是否会有总之、也就是说、实在是、嗯、哎呀等令人厌烦的口头禅。

（2）正确的说话方式

房地产经纪人应掌握以下正确的说话方式：

1）语言简练表达清晰

房地产经纪人跟客户交谈时要注意措辞，用简练的语言表达自己的意思，使别人能听得清楚。

2）适当采用专业术语

房地产经纪人可以经常使用举例、举证，以强化公信力。以肯定正面的方式来表达，使用完整句、标准句及专业术语，必要时进行适当地讲解，使客户能获得充分的资讯，同时肯定房地产经纪人的专业形象、专业涵养及专业能力。

3）轻松幽默

房地产经纪人在跟客户交谈时要轻松，交谈才不会变成负担，可以引用名人、伟人、权威人士的话语，既能强化房地产经纪人的涵养，也能获得幽默风趣的效果。

4）倾听

房地产经纪人不要轻易打断客户的讲话，有效倾听，了解对方要表达的信息，在交谈时做到适度地互相对答。

5）话语富有情感

房地产经纪人说话时要调动情感，有感情的话语才能使人印象深刻，激发客户的需求欲，善用而且、然后、那么等连接词来表达未来美好的前景。

6）恰当的说话节奏

客户的说话习惯不同，节奏有快有慢，房地产经纪人要配合客户的说话节奏，事前了解客户的性格，这要靠房地产经纪人多观察和勤于积累经验。

7）恰当地称呼他人

每一个人都喜欢别人记住自己的名字，因为借此可衡量自己在别人心目中的重要性。房地产经纪人要准确称呼客户的姓，这样可以给客户留下一个好的印象。对有头衔的人可以称呼他的头衔，是对他莫大的尊重。对于知识界人士，可以直接称呼其职称，或者在其职称前冠以姓氏，如赵教授、李医生等。房地产经纪人为了与客户拉近距离，一般采取一些比较亲切的称呼。如：称呼男士为"王先生"，称呼女士为"董小姐""张女士""刘阿姨"等。对女士的称呼通常是根据其年龄特点而定的，一般来说，除了年老的女性，对年轻的女性，我们均可称其为"小姐"或"女士"。另外，房地产经纪人还要注意称呼要符合当地的习惯及客户的特性。

第97招　养成良好的日常工作习惯

房地产经纪人应学会合理安排每天的工作时间，分清事情的轻重缓急，做好每天的时间规划，积极主动处理相关事务，逐步养成良好的日常工作习惯：

（1）每天准时到公司，做到风雨无阻，不迟到、不早退。

（2）查看前一天所新增房源，熟悉市场行情，养成每天背诵房源和发现自己所需要的房源。

（3）每天通过电话、短信、面访等形式，了解业主是否有房产出租或出售等实际及潜在的需求。

（4）积极找寻新客户，尽量带客户看房，及时跟进自己的客户。

（5）主动到公交站或房源不足的指定目标派发宣传单，争取客源及房源。

（6）跟进以往经自己成交的房源，询问租客是否到期？是否另觅新居？是否会买房？做好自己的客户回访工作。

（7）跟进以往经自己租出的房源业主，是否买多一套房子作投资。

（8）晚上是联络客户与业主最佳时间，坚持在8~9点间跟客户、业主沟通，和自己沟通比较好的业主要多联系，加深感情争取签独家委托。

（9）房地产经纪人应多了解当地房地产的要闻，增加自己在这方面的知识，从而在与业主及客户交谈的时候更有内容，塑造专家形象。

（10）精研专业，好学好问，经常与同事交流、探讨，不耻下问，经常看专业书籍，看报，把全身心都融入房地产业。

（11）熟练税费及各项手续费的计算方法。

(12) 遇到挫折要将问题症结记下，避免重犯。

(13) 做到与同事关系融洽，从不斤斤计较，不争抢客户，公正，乐于助人，对待同事的客户比对待自己的客户更热情，团队精神铭刻在心。

(14) 做好当天的工作总结，准备第二天工作计划。

🍀 第98招　掌握标准的礼仪规范

作为房地产经纪人，应当在着装、站姿、坐姿、动姿以及交谈举止等方面讲究礼貌礼仪，给客户提供优质的服务，具体可以参考以下的行为标准：

(1) 着装

1) 房地产经纪人应按公司的统一规定着装，包括工装和鞋袜均应统一，不戴耳环、手镯、项链等饰物。

2) 纽扣要全部扣好，女房地产经纪人可以佩领花，男房地产经纪人可以结领带，不敞开外衣、卷起裤脚、衣袖。

3) 工装外衣的衣袖领口，不得显露个人物品，如纪念章、笔、纸张等，不得放置过多物品，以免鼓起。

4) 工装应搭配皮鞋，不要穿凉鞋，女房地产经纪人除了着肉色袜，不要穿其他颜色和带花边的袜子。

(2) 站姿

1) 躯干：挺胸、收腹、紧臀、颈项挺直、头部端正、微收下颌。

2) 面部：微笑、目视前方。

3) 四肢：两臂自然下垂，两手伸开，手指落在腿侧裤缝处。等待客户时两手可握在腹前，右手在左手上面。两腿绷直，脚间距与肩同宽，脚尖向外微分。

(3) 坐姿

1) 轻轻走到座位正面，轻轻落座，避免动作太大引起椅子发出响声。

2) 当客户到访时，应该放下手中事情站起来相迎，当客户落座后自己方可坐下。

3）听人讲话时，上身微微前倾或轻轻将上身转向讲话者，用柔和的目光注视对方，根据谈话的内容确定注视时间长短和眼部神情，不可东张西望或显得心不在焉。

4）两手平放在两腿间，也不要托腮、玩弄任何物品或有其他小动作。

5）两腿自然平放，不要跷二郎腿。

6）从座位上站起，动作要轻，避免引起座椅倾倒或出现响声，一般从座椅左侧站起。

7）离位时，要将座椅轻轻抬起至原位，再轻轻落下，忌拖或推椅。

（4）动姿

1）行走时步伐要适中，除非紧急情况，不要奔跑，也不要脚擦着地板走。

2）行走时大腿动作幅度要小，主要以向前弹出小腿带出步伐，不要在行走时出现明显的正反八字脚。

3）在走廊、楼梯等公共通道员工应靠右而行，不宜在走廊中间大摇大摆。

4）几人同行时，不要并排走，以免影响客户或他人通行。如确需并排走时，并排不要超过3人，并随时注意主动为他人让路，切忌横冲直撞。

5）在任何地方遇到客户，都要主动让路，不可抢行。

6）在单人通行的门口，不可两人挤出挤进。遇到客户或同事，应主动退后，并微笑着做出手势"您先请"。

7）在走廊行走时，一般不要随便超过前行的客户，如需超过，首先应说声"对不起"，待客户闪开时说声"谢谢"，再轻轻穿过。

8）和客户、同事对面擦过时，应主动侧身，并点头问好。

9）给客户做向导时，要走在客户前两步远的一侧，以便随时向客户解说。

10）行走时不要哼歌曲、吹口哨或跺脚。

（5）交谈举止

1）交谈时，用柔和的目光注视对方，面带微笑，并通过轻轻点头表示理解客户谈话的主题或内容。

2）客户在说话时，不要理衣装、拨弄头发、摸脸、挖耳朵、抠鼻孔、搔痒、敲桌子等，也不得经常看手表。

3）交谈时不要大声说笑或手舞足蹈。

4）三人交谈时，要使用三人均听得懂的语言。

5）不要模仿他人的语言、语调或手势及表情。

6）经常使用"请""您""谢谢""对不起""不用客气"等礼貌语言，不讲粗言秽语或使用蔑视性和污辱性的语言，不开过分的玩笑。

7）不顶撞、讽刺、挖苦、嘲弄客户，不与客户争辩，不管客户态度如何都必须以礼相待，不管客户情绪多么激动都必须保持冷静。

8）称呼客户时，要多称呼客户的姓氏，用"某先生"或"某小姐（或女士）"，不知姓氏时，要用"这位先生"或"这位小姐（或女士）"。

9）几人在场，在与对话者谈话时涉及在场的其他人时，不能用"他"指他人，应呼其名或"某先生"或"某小姐（或女士）"。

10）无论任何时刻从客户手中接过任何物品，都要说"谢谢"，对客户造成的任何不便都要说"对不起"，将证件等递还给客户时应予以致谢，不能将证件一声不吭地扔给客户或是扔在桌面上。

11）客户说"谢谢"时，要答"不用谢"或"不用客气"，不能毫无反应。

12）任何时候招呼他人均不能用"喂"。

13）对客户的询问不能回答"不知道"，的确不清楚的事情，要先请客户稍候，再代客询问，或请客户直接与相关部门或人员联系。

14）在打电话时，如有其他客户，应用点头和眼神示意欢迎或请稍候，并尽快结束手头工作，不能无所表示而冷落客户。如确有急事需离开，要跟客户说"对不起，请稍候"，并尽快处理完毕。回头再次面对客户时，要说"对不起，让您久等了"，不得一言不发就开始服务。

15）谈话中如要咳嗽或打喷嚏时，应说"对不起"，并转身向侧后下方，同时尽可能用手帕遮住。

16）说话时声调要自然、清晰、柔和、亲切、热情，不要装腔作势，音量要适中。

17）客户或同事相互交谈时，不可以随便插话，特殊需要时必须先说"对不起，打搅您。"

第2节　调整不良心态，保持积极的工作状态

对于房地产经纪人来说，如果长时间没有成交，可能会产生自卑、意志消沉、烦闷、悲观等消极的心态，房地产经纪人应努力地克服这些不良心态并保持积极的态度对待客户和同事。

🍀 第99招　时刻保持积极客观的心态工作

拥有积极乐观心态的房地产经纪人在跟客户交流的时候会充满激情和活力，并可以促使客户与其达成交易。房地产经纪人应保持的工作心态主要有以下几点：

（1）自信

房地产经纪人应当对自己、对房源、对公司的优势充满信心。

任何一个房地产经纪人都是从无知到有知，从生疏到熟练，房地产经纪人要克服自卑的心理，可以在心中默念"我行，我能行"来鼓励自己。没有信心的人经常愁眉苦脸，而雄心勃勃的人则总是满面春风。微笑能使人产生信心和力量，使人心情舒畅、精神振奋，房地产经纪人每天都能保持美的笑容就会提高自信心。

房地产经纪人要相信天下没有卖不掉的房子，要对房子有信心。目前还没卖出去，可能是工作没有做到位，通过分析和改进自己的销售方法，相信一定有成交的机会。

（2）坚持

房地产经纪人应具有吃苦、坚持不懈的韧性，要不断地去带客户看房，

去协调客户,跟踪客户提供服务。房地产经纪人在工作过程中会遇到很多困难,但要有解决的耐心,要有百折不挠的精神,应在交易过程中多想办法,多找方法,在困难面前永不言败。

(3) 学习

房地产经纪人要不断学习新知识,不断地更新自己的知识,正所谓学无止境,房地产经纪人可学习的对象非常广泛,可以是领导、同事、甚至是竞争对手,以此让自己的整体素质不断提高。

另外,房地产经纪人不能满足于自己当前取得的业绩,这种心态不利于房地产经纪人在事业上取得进一步突破,只有不断地前进才能让自己更具有竞争力。

(4) 付出

任何事业都必须要有付出的心态,房地产经纪人只有付出了,才会得到回报,付出越多回报就会越多,只有量的积累,才会有质的飞跃。

(5) 反省

房地产经纪人应对自己的日常工作行为和工作心态进行自我反省,发现问题要及时调整和改进。房地产经纪人需要反省的要点包括:

1) 是否自始至终全力以赴?
2) 是否做事拖延?
3) 是否与人发生争执?
4) 是否能以宽容之心对待他人之过?
5) 是否不讲情义,只图利己?
6) 是否独断专行、固执己见?
7) 是否依照计划实行自我管理?
8) 是否有浪费时间?
9) 是否有做过什么愧疚之事?
10) 对人是否公平?
11) 是否满意自己现在的工作?
12) 主管对自己的工作态度、能力有哪些不满意的地方?

第100招 掌握有效调节各种消极心态的方法

房地产经纪人当出现业绩落后压力大、长期没成交失去信心、最终无法促成交易情绪低落等消极的心态时，应学会及时调整，摆正心态，避免陷入恶性循环。下面将对上述的房地产经纪人常见的消极心态的有效调节方法进行阐述。

（1）业绩落后压力大的调节方法

当房地产经纪人的业绩明显落后于其他房地产经纪人或当月业绩还没达标时，可能会产生较大的工作压力。为缓解和释放压力，房地产经纪人可以尝试以下的方法：

1）善于和朋友家人和同事等沟通，把自己内心的想法说出来。

2）给自己一个休息或调整的时间，放松一下绷紧的神经，缓解自身压力。

3）反思自己的工作方法，找出问题原因后，列出提高自己业绩的方法和步骤，然后按照步骤严格实施。另外，可以经常和优秀的房地产经纪人交流，向他们学习成功的经验。

（2）长期没成交失去信心的调节方法

房地产经纪人长时间没开单除了是市场行情冷淡等客观原因之外，很大程度上也取决于房地产经纪人自身的原因，面对这种情况，房地产经纪人首先应该树立信心，鼓励自己在逆境中也不放弃，并反思自己比较欠缺的业务技巧，分析其他同事能够开单的原因。另外，房地产经纪人应把每次向客户约看房都看成是一次锻炼的机会，并相信有了足够的实战经验后，加上自己孜孜不倦的努力，总会成交。

（3）最终无法促成交易情绪低落的调节方法

作为房地产经纪人，一定要有良好的心态，房地产经纪人的成交机会有很多，但总会有一部分因为个人的原因或是客观的原因而无法达成交易。此时，房地产经纪人应在心理上取得平衡，并恢复平常的心态，当遇到失败时，要多思考问题出在哪里，并尽可能使自己在以后避免犯同样的错误。

第 9 章

房地产经纪人常用名词、文书范例、相关法律法规

- 房地产经纪人的常用名词
- 房地产经纪人常用文书参考范例
- 房地产中介相关的法律法规

第1节　房地产经纪人的常用名词

1. 有关房地产与房地产市场的名词

（1）房地产

房地产具体是指土地、建筑物及其地上的附着物，包括物质实体和依托于物质实体上的权益。房地产由于其固定不可移动性又被称不动产，是房产与地产的总称，是房屋和土地的社会经济形态，是房屋和土地作为一种财产的总称，英文书写为"REAL ESTATE"。

（2）物业

物业一词译自英语"Property"或"estate"，是指已建成并投入使用的各类房屋及与之相配套的设备、设施和场地。各类房屋可以是住宅区，也可以是单体的其他建筑，还包括综合商住楼、别墅、高档写字楼、商贸大厦、工业厂房、仓库等。与之相配套的设备、设施和场地，是指房屋室内外各类设备、公共市政设施及相邻的场地、庭院、干道。"物业"一词在国外，特别是在东南亚地区是作为房地产的别称或同义词而使用的。

（3）不动产

不动产一词译自英语 real estate 或 real property。在英语中，real estate 具体是指土地及附着在土地上的人工建筑物和房屋；real property 具体是指 real estate 及其附带的各种权益。房地产由于其位置固定，不可移动，通常又被称为不动产。从广义的"房地产"概念来说,"房地产"与"不动产"是同一语义的两种表述。房地产的表述倾向于表明这种财产是以房屋和土地作为物质载体,而不动产的表述侧重于表明这种财产具有不可移动这一独特属性,但两者所指乃同一对象。英语中,real estate 和 real property 可互译互称,两者关系可见一斑。

(4) 房地产业

房地产业是以土地和建筑物为经营对象,从事房地产开发、建设、经营、管理以及维修、装饰和服务的集多种经济活动为一体的综合性产业,属于第三产业,是具有先导性、基础性、带动性和风险性的产业,可细分为房地产投资开发业和房地产服务业:

1) 房地产投资开发业

房地产投资开发是指除了取得土地、建造房屋、然后预售或出售新建的房屋这种方式外,还有购买房屋后出租,购买房屋后出租一段时间再转卖,或者购买房地产后等待一段时间再转卖;开发也不仅仅是建造新房屋,还有把土地变为建设熟地之后出售,有对旧房屋进行装修改造,另外还有接手在建工程后继续开发等。

2) 房地产服务业

房地产服务业又分为房地产咨询、房地产价格评估、房地产经纪和物业管理等。其中,又将房地产咨询、房地产价格评估、房地产经纪归为房地产中介服务业。

① 房地产中介服务业

房地产中介服务是指在房地产投资、建设、交易、消费等各个环节中为当事人提供居间服务的经营活动,是房地产咨询、房地产价格评估、房地产经纪等活动的总称。

② 物业管理

物业管理是由专门的机构和人员,依照合同和契约,对已竣工验收投入使用的各类房屋建筑和附属配套设施及场地以经营的方式进行管理,同时对房屋区域周围的环境、清洁卫生、安全保卫、公共绿地、道路养护统一实施专业化管理，并向使用人提供多方面的综合性服务，使物业发挥其使用价值，并使物业尽可能地保值增值。物业管理的对象是物业，服务对象是人，是集管理、经营、服务为一体的有偿劳动。

物业管理是房地产管理市场化的一种综合性经营方式，分为维护性管理和经营性管理两类。维护性物业管理的职能，主要为高层与多层住宅、综合写字楼、标准工业厂房等楼宇及机电设备保养维修、治安、消防、环境卫生及其他服务为业主提供良好的工作和居住环境。经营性物业管理除具有维护性管理职能外，还通过对物业出租经营达到回收投资和获取利润的目的。

(5) 房地产市场

房地产市场是对包括土地的出让、转让、抵押、开发，房地产买卖、租赁、转让、互换、抵押、信托，以及一些与房地产有关的开发、建筑、修缮、装饰等劳务活动。简单地说，房地产市场是指房地产商品交换关系的总和，是令房地产的买卖双方走到一起，并就某种特定房地产的交易价格达成一致的任何安排。

狭义房地产市场是指房地产商品进行交易活动的地方或场所。

房地产市场的可以分为：

1) 房地产一级市场

房地产一级市场即土地市场，是指国家土地管理部门按土地供应计划，采用协议、招标、拍卖的方式，以土地使用合同的形式，将土地使用权以一定的年限、规定的用途及一定的价格出让给房地产开发商或其他土地使用者所形成的市场。

2) 房地产二级市场

房地产二级市场是房地产开发市场，其经营主体为房地产开发公司，其经营内容是按照城市总体规划和小区建设规划，对土地进行初级开发和再次开发，然后将开发出来的房地产出售给用地、用房单位或个人。房地产二级市场即一般指商品房首次进入流通领域进行交易而形成的市场，包括土地二级市场，即土地使用者将达到规定可以转让的土地，进入流通领域进行交易的市场。

房地产二级市场具体对商品房来说就是商品房的一手市场,即增量市场。

3) 房地产三级市场

房地产三级市场是指在房地产二级市场的基础上再转让或出租的房地产交易,是单位、个人之间的房地产产权转让、抵押、租赁的市场,它是在二级市场基础上的第二次或多次转让房地产交易活动的市场,即存量市场。

房地产三级市场具有消费性质,此时房地产呈横向流通,即使用者、经营者之间的平等转移,表现为使用者之间的交易行为,反映的是以效用为价值尺度的市场价格,是调剂需求条件下的市场行为,如私房出租、出售等就是三级市场行为。

2. 有关房屋的名词

(1) 有关房屋及房屋类型的名词

1) 房屋

房屋一般是指上有屋顶,周围有墙,能防风避雨,御寒保温,供人们在其中工作、生活、学习、娱乐和储藏物资,并具有固定基础,层高一般在2.2m以上的永久性场所。但根据某些地方的生活习惯,可供人们常年居住的窑洞、竹楼等也应包括在内。

2) 私房

私房也称私有住宅、私产住宅。它是由个人或家庭购买、建造的住宅。在农村,农民的住宅基本上是自建私有住宅。公有住房通过住宅消费市场出售给个人和家庭,也就转为私有住宅。

3) 公房

公房也称公有住房或国有住宅。它是指由国家以及国有企业、事业单位投资兴建、销售的住宅,在住宅未出售之前,住宅的产权(拥有权、占有权、处分权、收益权)归国家所有。目前居民租用的公有住房,按房改政策分为两大类：一类是可售公有住房，一类是不可售公有住房，这两类房均为使用权房。其中，归房管局管理的称直管公房；归各单位管理的称自管公房。

公房的出售价格是指以成本价向工薪阶层出售公有住房所实行的价格。它是按房屋建造成本制订的售房价格，包括征地和拆迁补偿费、勘察设计及前期工程费、建安工程费、小区基础设施配套费、管理费、贷款利息和税金等7项因素。

4）商品房

商品房是指由房地产开发企业开发建设并出售、出租的房屋。

5）存量房

存量房是指已被购买或自建并取得所有权证书的房屋。

6）增量房

增量房就是指房屋开发一级市场所开发出的新房，是相对于存量房而言的房屋，包括商品房和经济适用房的预售房和现房。

7）已购公有房

已购公有房又称为房改房，是指城镇职工根据国家和县级以上地方人民政府有关城镇住房制度改革政策规定，按照成本价或者标准价购买的已建公有住房。按照成本价购买的，房屋所有权归职工个人所有，按照标准价购买的，职工拥有部分房屋所有权，一般在5年后归职工个人所有。这类房屋来源一般是单位购买的商品房、自建房屋、集资建房等。房改房产权分为三个级别：成本价产权和标准价产权以及标准价优惠产权。

8）经济适用房

经济适用房是指具有社会保障性质的商品住宅，具有经济性和适用性的特点。经济性是指住宅价格相对市场价格而言，是适中的，能够适应中低收入家庭的承受能力；适应性是指在住房设计及其建筑标准上强调住房的使用效果，而不是降低建筑标准。它是国家为解决中低收入家庭住房问题而修建的普通住房。这类住宅因减免了工程报建中的部分费用，其成本略低于普通商品房，故又称为经济适用房。安居工程住宅也属经济适用房的一类。

9) 集资房

集资房一般由国有单位出面组织并提供自有的国有划拨土地用作建房用地，国家予以减免部分税费，由参加集资的职工部分或全额出资建设，房屋建成后归职工所有，不对外出售。产权也可以归单位和职工共有，在持续一段时间后过渡为职工个人所有，属于经济适用房的一种。

10) 微利房

微利房即微利商品房，指由各级政府房产管理部门组织建设和管理，以低于市场价格和租金、高于福利房价格和租金，用于解决部分企业职工住房困难和社会住房特困户的房屋。

11) 解困房

解困房是指各级地方政府为解决本地城镇居民中特别困难户、困难户和拥挤户住房问题而专门修建的住房。

12) 安居房

安居房即安居工程住房或平价房，是指由国家安排贷款和地方自筹资金建设（一般为4:6）的面向广大中低收入家庭的非盈利性住房，建筑面积一般控制在55m^2以下。要求精心设计，保证施工质量，提高和改善住宅的使用功能。安居房只售给中低收入家庭，优先出售给无房户、危房户和困难户。

13) 再上市房

再上市房是指职工按照房改政策购买的公有住房或经济适用房首次上市出售的房屋。

14) 单位产权房

单位产权房是指产权属于单位所有的房屋，也称系统产权房、系统房。

15) 廉租房

廉租房是指政府和单位在住房领域实施社会保障职能，向具有城镇常住居民户口的最低收入家庭提供的租金相对低廉的普通住房。我国的廉租房只租不售，出租给城镇居民中最低收入者。廉租房的来源主要是腾退的旧公房等。

16) 不可售公房

不可售公房是指根据现行房改政策还不能出售给承租居民的公有住房，它主要包括旧式里弄、新式里弄、职工住房等厨房、卫生合用的不成套房屋，也包括部分公寓、花园住宅等成套房屋。

17) 使用权房

使用权房是指由国家以及国有企业、事业单位投资兴建的住宅，政府以规定的租金标准出租给居民的公有住房。

18) 货币分房

货币分房就是把原来单位以实物形式分配给职工的那部分住房转变为货币工资形式纳入职工工资，成为居民的住房消费基金，变实物分配为工资分配，由职工自己买房或租房。

19) 共同共有房

共同共有房指两个或两个以上的人，对全部共有房产不分份额地享有平等的所有权。

20) 共有房产

共有房产是指两个或两个以上的人对某一项房产共同享有所有权。

21) 有限产权房

有限产权房是房屋所有人在购买公房中按照房改政策以标准价购买的住房或建房过程中得到了政府或企业补贴，房屋所有人享有完全的占有权、使用权和有限的处分权、收益权。

(2) 有关房屋产品类型的名词

1) 住宅

住宅是专供人们居住用的房屋。它主要包括普通居住用房、别墅、公寓、宿舍用房等，职工单身宿舍和学生宿舍等也包括在内。

2）非住宅

非住宅是指除了住宅以外的非居住用房屋，包括办公用房、商业用房和厂房仓库等。

3）普通住宅

普通住宅是指按所在地一般民用住宅建筑标准建造的居住用房屋。目前，多为多层住宅和高层住宅。多层住宅是指2~6层（含6层）的楼房；高层住宅是指6层以上的楼房，高层住宅多安装电梯。由于各地对多层和高层的定义不一致，划分标准各地可根据实际情况酌情确定。

4）豪华住宅

豪华住宅是指按超出一般民用住宅建筑标准建造的高标准住宅，通常包括别墅和高档公寓。

5）别墅

别墅是指在郊区或风景区建造的舒适式园林住宅，一般拥有私家车库、花园、草坪、院落等。

6）高档公寓

高档公寓是指其单位建筑面积造价通常高于当地一般民用住宅造价一倍以上的公寓，通常为跃层式住宅顶层有花园的或多层住宅配有电梯的并拥有较好的绿化、商服、物业管理等配套设施。

7）酒店式服务公寓

酒店式服务公寓是指提供酒店式管理服务的公寓。始于1994年，意为"酒店式的服务，公寓式的管理"，市场定位很高，它是集住宅、酒店、会所多功能于一体的，具有"自用"和"投资"两大功效，除了提供传统酒店的各项服务外，更重要的是向住客提供家庭式的居住布局、家居式的服务，让人有宾至如归的感觉。

8）商住楼

商住楼是指既能办公又兼能住宿的楼宇。在现代不少大楼将办公、住宿、商务活动等功能综合在一起，又称为综合性多功能写字楼。

9) 商务楼

商务楼是指提供各种商务活动的楼宇，除了办公室以外一般还有展示厅、会议厅、洽谈室等，但主要部分仍然是办公室。

10) 办公楼

办公楼也即是写字楼，是指企业、事业、机关、团体、学校、医院等单位的办公用房屋。其中，档次较高的、设备较齐全的为高标准写字楼，条件一般的为普通办公用房。

11) 工业厂房

工业厂房指直接用于生产或为生产配套的各种房屋，包括主要车间、辅助用房及附属设施用房。凡工业、交通运输、商业、建筑业以及科研、学校等单位中的厂房都应包括在内。

12) 仓库

仓库指工业、交通运输、商业、供销、外贸、物资及其他企事业单位建造的成品库、半成品库、原材料库、货物仓库、物资储备库以及冷藏库、粮油库等。

13) 商场

商场是指规划为对外公开进行经营的建筑物。

14) 综合楼

综合楼是指兼有住家、办公甚至商场的大楼。

15) 店面

店面又称门面或门市房，用作商铺，多为一楼、沿街。

16) SOHO

SOHO 是 Small office home office 的缩写，意思是小型的家庭办公室。

17) LOFT

LOFT 英语的意思是指工厂或仓库的楼层，现指没有内墙隔断的开敞式平面布置住宅。LOFT 发源于二十世纪六七十年代美国纽约的建筑，现逐渐演化成为一种时尚的居住与生活方式。它的定义要素主要包括：高大而开敞的空间，上下双层的复式结构，类似戏剧舞台效果的楼梯和横梁；流动性，户型内无障碍；透明性，减少私密程度；开放性，户型间全方位组合；艺术性，通常是业主自行决定所有风格和格局。

LOFT 是同时支持商住两用的楼型，所以能同时满足消费群体个性上和功能上的需求。作为功能上的考虑，一些比较需要空间高度的，比如电视台演播厅、公司产品展示厅等；作为个性上的考虑，许多年轻人以及艺术家都是 LOFT 的消费群体，甚至包括一些 IT 企业。

18) SHOPPING MALL

SHOPPING MALL 直译为"步行街购物广场"，是目前国际上最流行、经营效果最佳的零售百货模式，它具有四大特征：开放性的公共休闲广场、强烈吸引人气；开放性的对外交通设计，广纳周边人气；相对闭合的内部通道回路，充分利用有效人流；购物与休闲良性互动，形成惊人的商业效应。

19) 会所

会所就是以所在物业业主为主要服务对象的综合性康体娱乐服务设施。会所具备的软硬件条件：康体设施包括泳池（最好是室内）、网球或羽毛球场、高尔夫练习馆、保龄球馆、健身房等娱乐健身场所；中西餐厅、酒吧、咖啡厅等餐饮与待客的社交场所；还可具有网吧、阅览室等其他服务设施。

会所的功能和建设档次可分为基础型和超级型。基础型的会所提供给业主最基本的健康生活需求，可让人免费使用。超级会所则适当对其中部分设施的使用收取一定的费用。会所原则上只对社区业主服务，不对外开放，保证了业主活动的私密性和安全性。作为休闲健身的场所，会所也给业主提供了良好的社交场所。

(3) 有关房屋建筑类型的名词

1) 双拼住宅

双拼住宅即每单元层中有两户住宅，又称一梯两户。

2) 三拼住宅

三拼住宅即每单元层中有三户住宅，又称一梯三户。

3) 独栋别墅

独栋别墅就是独立别墅，简称独栋，即独立一栋存在的别墅。

4) 双拼别墅

双拼别墅即两栋连在一起的别墅。

5) 连栋别墅

连栋别墅即多栋连在一起的别墅。

6) 联排别墅

联排别墅英文为TOWNHOUSE，与其原始概念是"联排住宅，有天有地，独立的院子和车库"，是二战以后西方国家发展新城镇时出现的住宅形态，楼体高度不超过3层、4层。其特点集中表现为：离城很近、方便上班及工作、环境优美，成为城市发展过程中住宅郊区化的一种代表形态。联排别墅包括了双联排别墅和多联排别墅。

7) 叠拼别墅

叠拼别墅即多栋连在一起，每栋楼中存在两个以上跃层式住宅的别墅。

8) 板楼

板楼是指由多个住宅单元组合而成，每单元均设有楼梯或楼梯、电梯皆有的住宅；每个单元用自己单独的楼梯、电梯。板楼又称排楼，是并排兴建而成的建筑体，一般为多层或小高层。

9) 塔楼

塔楼主要是指以共用楼梯、电梯为核心布置多套住房的高层住宅。通俗地说，塔楼以电梯、楼梯为布局核心，上到楼层之后，向四面走可以直接进入户内。塔楼的基本形式：传统的塔楼形式有十字型、井字型和方型塔楼，改良后的塔楼形式为蝶型塔楼。板楼的售价明显高于塔楼，传统塔楼对采光通风活动空间采取了牺牲，对于没有明显板、塔偏好的消费者而言，蝶塔帮助实现了成本与户型的平衡。

10) 错层住宅

每套住宅的平面，其不同使用功能不在同一平面层上，形成多个不同标高平面的使用空间和变化的视觉效果。住宅室内环境错落有致，极富韵律感。错层住宅的结构方式主要分为：①左右错层，即东西错层，一般为起居室和卧室错层；②前后错层，即南北错层，一般为客厅和餐厅错层。错层住宅利用平面上的错落，使静与动、食与寝、会客与餐厅的功能分区，避免相互干扰，有利形成具有个性的室内环境。错层上下尺度一般为30～60公分。因为目前住宅层高2.8m，净高约2.62m左右。错层若大于60公分高差，要注意上部楼板结构梁或板底的相对高度关系，避免碰头或产生压迫感。如果错层上下高差较大的，可采用其他错层形式，如"L"、"Π"型。

11) 跃层式住宅

跃层式住宅是近年来推广的一种新颖住宅建筑形式。这类住宅的特点是，住宅占有上下两层楼面，卧室、起居室、客厅、卫生间、厨房及其他辅助用房可以分层布置，上下层之间的交通不通过公共楼梯而采用户内独用小楼梯连接。跃层式住宅的优点是每户都有二层或二层合一的采光面，即使朝向不好，也可通过增大采光面积弥补，通风较好，户内居住面积和辅助面积较大，布局紧凑，功能明确，相互干扰较小。不足之处是安全出口相对狭小。

12) 复式住宅

复式住宅是受跃层式住宅启发而创造设计的一种经济型住宅。这类住宅在建造上仍每户占有上下两层，实际是在层高较高的一层楼中增建一个1.2m的夹层，两层合计的层高要大大低于跃层式住宅（复式为3.3m，而一般跃层为5.6m），复式住宅的下层供起居用，炊事、进餐、洗浴等，上层供休息睡眠和贮藏用，户内设多处入墙式壁柜和楼梯，中间楼板也即上层的地板。

13) 花园式住宅

花园式住宅也叫西式洋房、小洋楼、花园别墅或花园洋房，是带有花园草坪和车库的独院式平房或二、三层小楼，建筑密度很低，内部居住功能完备，装修豪华，并富有变化，一般为高收入者购买。

14）公寓式住宅

公寓式住宅是相对于独院独户的西式别墅住宅而言。一般建在大城市，大多数是高层，标准较高，每一层内有若干单户独用的套房，包括卧室、起居室、客厅、浴室、厕所、厨房、阳台等等，供一些常常往来的中外客商及其家眷中短期租用。

15）单元式住宅

单元式住宅又叫梯间式住宅，是以一个楼梯为几户服务的单元组合体，一般为多、高层住宅所采用。

16）居住单元

居住单元是指一个楼梯里有几户，俗称一梯两户、一梯四户等。单元式住宅每层以楼梯为中心，每层安排户数较少，一般为2~4户，大进深的每层可服务于5~8户，住户由楼梯平台进入分户门，各户自成一体。

17）砖混住宅

砖混住宅即砖混结构住宅。砖混结构是以小部分钢筋混凝土及大部分砖墙承重的结构。由于抗震的要求，砖混住宅一般在5~6层以下。

18）框架结构住宅

框架结构住宅是指以钢筋混凝土浇捣成承重梁柱，再用预制的加气混凝土、膨胀珍珠岩、浮石、蛭石、陶粒等轻质板材隔墙分户装配而成的住宅，适合大规模工业化施工、效率较高，工程质量较好。

19）钢混结构住宅

这类住宅的结构材料是钢筋混凝土，即钢筋、水泥、粗细骨料（碎石）、水等的混合体。这种结构的住宅具有抗震性能好、整体性强、抗腐蚀能力强、经久耐用等优点，并且房间的开间、进深相对较大，空间分割较自由。目前，多、高层住宅多采用这种结构。其缺点是工艺比较复杂，建筑造价较高。

3. 有关建筑规划的名词

（1）有关规划设计的名词

1） 总占地面积

总占地面积也称建设用地面积，是指城市规划行政主管部门确定的建设用地位置和界线所围合的用地之水平投影面积，不包括代征的面积。

2） 总建筑面积

总建筑面积也叫建筑展开面积，是建筑物各层水平投影面积的总和，包括使用面积、辅助面积和结构面积三项。使用面积指建筑物各层平面中直接为生产或生活使用的净面积的总和。在居住建筑中的使用面积也称"居住面积"。辅助面积是指建筑物各层平面为辅助生产或生活活动所占的净面积的总和，例如居住建筑中的楼梯、走道、厕所、厨房等。使用面积与辅助面积的总和称"有效面积"。结构面积指建筑物各层平面中的墙、柱等结构所占面积的总和。

3） 小区总建筑面积

小区总建筑面积是指小区内住宅、公共建筑和人防地下室面积总和。

4） 建筑基底面积

建筑基底面积是指建筑物首层的建筑面积。

5） 容积率

容积率是指建设用地内的总建筑面积与建设用地面积之比，一般用小数表示。地下停车库、架空开放的建筑底层等建筑面积在计算容积率时可不计入。容积率越小，意味着居住生活质量越高。

6） 建筑密度

建筑密度即建筑覆盖率，是指建筑基底面积占建设用地面积的百分比，它可以反映出一定用地范围内的空地率和建筑密集程度。

7） 建筑高度

建筑高度是指建筑物室外地平面至外墙面顶部的总高度。

8) 规划形态

规划形态是指这一项目的具体建筑构成，譬如一个项目一共由几栋楼宇组成，每栋楼宇的使用性质是什么，单栋楼宇的地上有几层，地下有几层，每一层的具体用途是什么。

9) 绿地面积

绿地面积是指能够用于绿化的土地面积，包括公共绿地、宅旁绿地、公共服务设施所属绿地和道路绿地（即道路红线内的绿地），不包括屋顶绿化、晒台垂直绿化和覆土小于 2m 的土地。

10) 绿地率

绿地率是指城市一定地区内各类绿化用地总面积占该地区总面积的比例。在居住区用地范围内指各类绿地的总和占居住区用地的比率，不包括屋顶、晒台的人工绿地。通常新区绿地率不低于 30%，旧区绿地率不低于 25%。

11) 绿化率

绿化率即绿化覆盖率，是指在建设用地范围内全部绿化种植物水平投影面积之和与建设用地面积的比率（%）。绿化率一般要大于绿地率。

12) 住宅建筑套密度

住宅建筑套密度是指每公顷住宅用地上拥有的住宅套数。

13) 城市居住区

城市居住区一般称居住区，泛指不同居住人口规模的居住生活聚居地和特指被城市干道或自然分界线所围合，并与居住人口规模 30000~50000 人相对应，配建有一整套较完善的、能满足该区居民物质与文化生活所需的公共服务设施的居住生活聚居地。

14) 居住小区

居住小区一般称小区，是指被居住区级道路或自然分界线所围合，并与居住人口规模 7000~15000 人相对应，配建有一套能满足该区居民基本的物质与文化生活所需的公共服务设施的居住生活聚居地。

15) 居住组团

居住组团一般称组团，指一般被小区道路分隔，并与居住人口规模1000~3000人相对应，配建有居民所需的基层公共服务设施的居住生活聚居地。

16) 日照间距

日照间距是指建筑物自身高度与北邻建筑物之间的距离之比。

17) 建筑间距

建筑间距是指两栋建筑物外墙之间的水平距离。住宅侧面间距应符合下列规定：

板式住宅，多层之间不宜小于6m，高层与各种层数住宅之间不宜小于13m。

高层塔式住宅，多层和中高层点式住宅与侧面有窗的各种层数住宅之间应考虑视线干扰因素，适当加大间距。

18) 城市基础设施

城市基础设施分为工程性基础设施和社会性基础设施两类。工程性基础设施一般指能源供应、给水排水、交通运输、邮电通信、环境保护、防灾安全等工程设施。社会性基础设施则指文化教育、医疗卫生等设施。我国一般讲城市基础设施多指工程性基础设施。

19) 市政公用设施

市政公用设施是指在城市范围内住宅配套的设施、包括城市公用事业和城市公用设施。前者指城市自来水、煤气、供热、公共交通；后者指市政工程设施、园林绿化设施、公共卫生设施等。

20) 配建设施

配建设施是指与住宅规模或与人口规模相对应配套建设的公共服务设施、道路和公共绿地总称。

21) 配套设施

配套设施是指为方便生活而提供的各种设施，如水、电、暖气、煤气、通信、入网、有线电视、交通车站、学校、医院、广场、超市、公园等。

22) 住宅配套设施

住宅配套设施是指为城镇居民创造卫生、安全、宁静、舒适的居住环境而必需的住宅附属设施。主要包括居民服务站、小商店、文化室、儿童游乐场、托儿所、幼儿园、小学、中学、储蓄所、邮电所、运动场、粮店、煤店、百货店、副食品店、菜店、饮食店、理发店、小修理门市部、综合商店、自行车棚、废物回收站、居委会、变电所、公共厕所、垃圾站等。

23) 居住人口

居住人口是指与住宅统计范围一致的居住人口，以公安局的统计数据为准。

24) 居住户数

居住户数是指与居住人口数相应的户数。"户"以公安派出所核发的户口簿为准，一个户簿即一户。

25) 停车场

停车场是指在建设用地内为停放机动车和非机动车须配置的场地。停车场面积小型汽车按每车位 $25m^2$ 计算，自行车按每车位 $1.2m^2$ 计算。

(2) 有关房屋建筑学的名词

1) 建筑物

广义上建筑物是指人工建筑而成的所有东西；狭义上建筑物即指房屋，指有基础、墙、顶、门窗等，能够遮风挡雨，供人们在内居住、工作、娱乐、储藏物品、纪念或其他活动的空间场所，不包含构筑物。建筑物一般有以下几种分类方式：

① 按使用性质分：居住建筑、公共建筑、工业建筑、农业建筑。

② 按层数分：低层（1~3层）、多层（4~8层）、小高层（8~12层）、

中高层（7~10层）、高层（13层以上）、超高层（建筑总高度超过100m）。

③ 按结构分：砖木结构、砖混结构、钢筋混凝土结构（分框架、剪力墙等）、钢结构。

2） 构筑物

构筑物是指房屋以外的建筑，人们一般不直接在内进行生产和生活活动，如烟囱、水塔、水井、隧道等。

3） 低层房屋

低层房屋是指高度低于或等于10m的建筑物，一般是1~3层建筑物，包括平房、别墅等。低层房屋一般建筑结构简单，施工期短，建造成本低廉，给人以亲切安宁、有天有地的感觉，它的舒适度、方便度和空间尺度优于高层。但是，低层房屋占地多，土地利用率低，特别是在寸土寸金的城市难以广泛开发。

4） 多层房屋

多层房屋是指高于10m、低于或等于24m的建筑物。多层房屋一般为4~8层，一般采用砖混结构，少数采用钢筋混凝土结构。多层房屋一般规格（房型）整齐，通风采光状况好，空间紧凑而不闭塞。与高层相比，多层房屋公用面积少，得房率相应提高，这是很多人喜欢多层房屋的主要原因。

5） 小高层房屋

小高层房屋是一个市场形成的名词，一般是指8层至12层的建筑物。小高层房屋一般采用钢筋混凝土结构，带电梯。小高层有多层亲切安宁、房型好、得房率高的特点，又有普通高层结构强度高、耐用年限高、景观系数高、污染程度低等优点，很受购房人欢迎。同时，小高层对土地的利用率提高，土地成本相对下降，很受房地产开发商的青睐。

6） 高层房屋

广义上是指高于24m的建筑、8层以上（可含8层）的建筑体，一般可分为小高层、高层和超高层。

狭义上是指13层以上、24层以下的建筑体,因为建筑结构和建筑形态(点状居多)的局限,房型设计难度大,要做到每套室内全明、采光通风良好是有很大难度的。在城市中心区,高层有它的优势:对开发商来说,单位建筑面积土地成本(即"楼面地价")低;对住户来说,视野开阔,景观系数高,尘土、噪音、光线污染也少,建筑结构强度高,整体性强。但高层房屋也有明显的缺点:结构工艺比较复杂,材料性能要求高,自重大,对基础要求高,施工难度较大,建筑造价相应提高;高层房屋电梯、楼道、机房、技术层等公用部位占用面积大,得房率低;如果电梯质量不可靠,物业管理不正常,就很令人担心。

7) 超高层房屋

超高层房屋是指超过24层或100m以上的建筑体。超高层房屋楼面地价最低,但建筑安装成本高。它给人以气派雄伟的感觉,可以满足一些消费者对视野、景观的要求。超高层房屋一般建在城市黄金地段(最大限度地利用土地资源)或景观良好的城区(最充分地发挥景观资源的作用)。

8) 板楼

板楼是指由许多单元组成,每个单元用自己单独的楼梯和电梯,但从其外观看不一定都呈一字形,也可以是拐角、围合等形状。

9) 裙房

裙房是指与高层建筑紧密连接组成一个整体的多层、低层建筑物,群房高度不得超过24m,超过则算高层建筑。

10) 房屋层数

房屋层数是地上层数加地下层数之和。房屋所在层数系指房屋的层次,采光窗在室外地坪以上的层数用自然数表示,地下的层数用负数表示;房屋层高在2.20m(含)以上的计算层数。

房屋地上层数的计算方法:一般按室内地坪以上计算;采光窗在室外地坪以上的半地下室,其室内层高在2.20m(含)以上的,计算地上层数。房屋地下层数是指采光窗在室外地坪以下的,其室内层高在2.20m(含)以上的地下室的层数。

11） 自然层

自然层是指楼层高度在2.28m以上的标准层次及在2.70m以上的住宅。

12） 技术层

技术层是指建筑物的自然层内，用作水、电、暖、卫生等设备安装的局部层次。

13） 标准层

标准层是指平面布置相同的楼层。

14） 结构（设备）转换层

结构（设备）转换层是指建筑物某楼层的上部与下部因平面使用功能不同，该楼层上部与下部采用不同结构（设备）类型，并通过该楼层进行结构（设备）转换，则该楼层称为结构（设备）转换层。

15） 架空层

架空层指底层架空，以支撑物体承重的房屋，其架空部位一般为通道、水域或斜坡。

16） 跃层

跃层是指套内空间跨越两楼层及以上的房屋。

17） 错层

错层是指室内不同功能区楼地面不在同一平面，高度差约为40~60cm之间，以实现动静、公私的分离。

18） 地下室

地下室是指房屋全部或部分在室外地坪以下的部分（包括层高在2.2m以下的半地下室），房间地面低于室外地平面的高度超过该房间净高的1/2者。

19） 半地下室

半地下室是指其地面低于室外地平面的高度超过该房间净高的1/3，且不超过 1/2 者。

20）假层

假层是指建房时建造的，一般比较低矮的楼层，其前后沿的高度大于 1.7m，面积不足底层的二分之一的部分。假层不计层数，如屋顶层。

21）附属层

附属层即夹层，是房屋内部空间的局部层次。

22）阁楼

阁楼是指对于房屋坡屋顶下部的房间。

23）女儿墙（压檐墙）

女儿墙（压檐墙）是指房屋外墙高出屋面的矮墙。它是屋面与外墙交接处理的一种方式，也是作为屋顶上栏杆或房屋外形处理的一种措施。

24）防火墙

防火墙是用非燃烧材料砌筑的墙，设在建筑物的两端或在建筑物内将建筑物分隔成区段，以防止火灾蔓延。防火墙上一般不设门窗，如属必须时应以非燃烧材料制成。高出屋面的防火墙又称封火墙或风火墙。

25）踢脚

踢脚板是外墙内侧和内墙两侧与室内地坪交接处的构造。踢脚板的作用是防止扫地时污染墙面。踢脚板的高度一般在 120～150mm。

(3) 有关住宅建筑学的名词

1）塔式高层住宅

塔式高层住宅，即点式高层住宅，是指以共用楼梯、电梯为核心布置多套住房的高层住宅。通俗地说，塔楼以电梯、楼梯为布局核心，上到楼层之后，向四面走可以直接进入户内。

2）单元式高层住宅

单元式高层住宅是指由多个住宅单元组合而成，每单元均设有楼梯、电梯的高层住宅。

3) 通廊式高层住宅

通廊式高层住宅是指由共用楼梯、电梯通过内、外廊进入各套住宅的高层住宅。

4) 住宅层高

住宅层高是指住宅高度以"层"为单位计量,每一层的高度国家在设计上有要求,这个高度就叫层高。它通常包括下层地板面或楼板面到上层楼板面之间的距离。普通住宅层高不宜高于2.80m。

5) 住宅净高

住宅净高是指下层地板面或楼板上表面到上层楼板下表面之间的距离。净高和层高的关系可以用公式来表示:净高 = 层高 – 楼板厚度,即层高和楼板厚度的差称为净高。

6) 面积配比

面积配比是指各种面积范围的单元在某一楼盘单元总数中各自所占比例的多少。

7) 户型配比

户型配比,也称格局配比,是指各种户型在总户数中所占百分比,反映到住宅设计上,就是体现在一定数量住宅建筑中,各种不同户型住宅占住宅总套数的比重。

8) 开间

开间就是房间的宽度,是指一间房屋内一面墙皮到另一面墙皮之间的实际距离。住宅开间一般不超过3.0~3.9m,砖混结构住宅开间一般不超过3.3m。规定较小的开间尺度,可缩短楼板的空间跨度,增强住宅结构整体性、稳定性和抗震性。

9) 进深

进深就是房间的长度,是指一间独立的房屋或一幢居住建筑从前墙皮到后墙壁之间的实际长度。进深大的住宅可以有效地节约用地,但为了保证建成的住宅可以有良好的自然采光和通风条件，住宅的进深在设计上有一定的要求，不宜过大。目前我国大量城镇住宅房间的进深一般要限定在 5m 左右，不能任意扩大。

10) 套

套是指一个家庭独立使用的居住空间范围，通俗来说就是指每家所用的住宅单元的面积大小。住宅的套型也就是满足不同户型家庭生活的居住空间类型。

11) 室

室一般是居住建筑中的居室和起居室。在新的住宅设计规范未实行之前，住宅户型面积指标是以室来划分的。通常来说，住宅中不少于 $12m^2$ 的房间称为一个"一室"，$6 \sim 12m^2$ 房间称为"半室"，小于 $6m^2$，一般不算"间"数或"室"数，因而，住宅户型又可分一室户、一室半户、二室户、二室半户、三室户、多室户等。

12) 玄关

玄关就是登堂入室第一步所在的位置，可以有放雨伞、挂雨衣、换鞋、搁包、接收邮件、简单会客等功能。

13) 隔断

隔断是指专门作为分隔室内空间的不到顶的半截立面。

14) 过道

过道是指住宅套内使用的水平交通空间。

15) 居住空间

居住空间是指卧室、起居室、客厅的使用空间。

16) 卧室

卧室是指供居住者睡眠、休息的空间。卧室要有足够的采光，其应符合 1/7 的窗地比。主卧室平面以规则长方形且带阳台为佳，净长与净宽比一般为 3:2 或 8:5。

17) 起居室

起居室即客厅,是指供居住者会客、娱乐、团聚等活动空间。起居室的使用面积不应小于 $12m^2$,宜有直接采光,自然通风,应综合考虑使用功能要求。减少直接开向起居室门的数量,但应与入户门相连。

18) 厨房

厨房是供居住者进行炊事活动的空间。使用面积在 $45m^2$ 以内的户型中厨房面积不应小于 $4m^2$,使用面积在 $68m^2$ 以内的户型中厨房面积不应小于 $5m^2$。应有直接采光,自然通风,并宜布置在套内近入口处。

19) 餐厅

餐厅是供居住者就餐的活动空间。独立餐厅面积不宜小于 $6m^2$,净宽不宜小于 $2.4m$,应与厨房紧密相连。无独立餐厅时可与客厅或厨房相联,利用软隔断将一个空间分为二个空间,但其在面积上应满足基本的使用要求。

20) 卫生间

卫生间是供居住者进行便溺、洗浴、盥洗等活动的空间。

21) 门

门是提供人们进出房屋或房间以及搬运家具、设备等的建筑配件。有的门兼有采光、通风的作用。

22) 窗

窗的主要作用是通风、采光、观景,并可作围护和眺望之用,对建筑物的外观也有一定的影响。

23) 飘窗

飘窗又叫外飘窗,是指房屋窗子呈矩形或梯形向室外凸起,窗子三面为玻璃,从而使人们拥有更广阔的视野,通常它的窗台较低甚至为落地窗。

24) 中空玻璃

中空玻璃是对传统单玻门窗的革新,是现代门窗生产中的一项新的玻璃加工技术,它由两层甚至更多的玻璃密封组合,但最重要的是两层玻璃之间必须形成真空或气体（如加入惰性气体）状态，这种技术的运用使门窗的隔音、阻热、密封、安全性能都大大提高。

25）阳台

阳台泛指有永久性上盖、有围护结构、有台面、与房屋相连、可以活动和利用的房屋附属设施，供居住者进行室外活动、晾晒衣物等的空间，根据其封闭情况分为非封闭阳台和封闭阳台；根据其与主墙体的关系分为凹阳台和凸阳台；根据其空间位置分为底阳台和挑阳台。

① 封闭阳台

封闭阳台是指原设计及竣工后均为封闭的。封闭式阳台多将阳台栏杆扶手以下用砖或其他材料围护，栏杆扶手以上用玻璃窗围护起来，使阳台起到既能接受阳光又能遮挡风雨的作用，但仍是独户专用。

② 非封闭阳台

非封闭阳台是指原设计或竣工后不封闭的阳台。

③ 凹阳台

凹阳台是指凹进楼层外墙（柱）体的阳台。

④ 凸阳台

凸阳台是指挑出楼层外墙（柱）体的阳台。

⑤ 底阳台

底阳台是房屋一层的阳台。

⑥ 挑阳台

挑阳台是房屋二层（含二层）以上的阳台。

26）平台

平台是指供居住者进行室外活动的上人屋面或住宅底层地面伸出室外的部分。

27）露台

露台一般是指住宅中的屋顶平台或由于建筑结构需要而在其他楼层中做

出大阳台，由于它面积一般均较大，上边又没有屋顶，所以称作露台。

28）楼梯

楼梯是指楼层间垂直交通通道，是房屋各层之间交通连接的设施，一般设置在建筑物的出入口附近，也有一些楼梯设置在室外。楼梯由楼梯段、平台和中间平台、扶手、栏杆（或栏板）组成。楼梯的形式有直跑式和双跑式等。

29）过道

过道是指住宅套内使用的水平交通空间。

30）壁橱

壁橱是指住宅套内与墙壁结合而成的落地贮藏空间。

31）壁龛

壁龛是指利用墙体厚度的局部空间，存放日常用品的部分。

32）吊柜

吊柜是指住宅套内上部的贮藏空间。

33）走廊

走廊是指住宅套外使用的水平交通空间。

34）屋顶

屋顶既是建筑物顶部起覆盖作用的围护构件，又是建筑物顶部的承重构件。屋顶由屋面、承重结构层、保温隔热层和顶棚组成。常见的屋顶类型有平屋顶、坡屋顶。

4. 有关房屋面积的名词

（1）建筑面积

建筑面积是指房屋外墙（柱）勒脚以上各层的外围水平投影面积，包括阳台、挑廊、地下室、室外楼梯等，且具备有上盖，结构牢固，层高2.20m以上（含2.20m）的永久性建筑。

对于一幢房屋楼来说，房屋的建筑面积＝居住面积＋辅助面积＋结构面积，也可表示为：房屋的建筑面积＝使用面积＋结构面积。当然房屋的公共面积包含在房屋建筑面积之中，是由部分辅助面积和部分结构面积构成。

(2) 居住面积

居住面积是指住宅中供日常生活起居用的卧室、起居室等净面积的总和。

(3) 辅助面积

辅助面积是指住宅建筑各层中不直接供住户生活的净面积，包括楼梯过道、厨房、卫生间、厕所、阳台、储藏室等。

(4) 结构面积

结构面积是指建筑物各层中外墙、内墙、间壁墙、垃圾道、通风道、烟囱（均包括管道面积）等所占面积的总和。

(5) 使用面积

使用面积是指各层平面中直接供使用者生产或生活使用的净面积之和。

(6) 套内建筑面积

套内建筑面积是房屋按单元计算的建筑面积，为单元门内范围的建筑面积，包括套（单元）内的使用面积、套内墙体面积和阳台建筑面积之和。

套内建筑面积是计算实用率的分子，也称为实用面积，不等于地毯面积或地砖面积，完全属于业主私有的面积。与套内使用面积相比，套内建筑面积更能反映业主私有部分的产权，因此目前房地产买卖合同基本以套内建筑面积作为计价方式。

(7) 套内使用面积

套内使用面积是指室内实际能使用的面积，不包括墙体、柱子等结构面积。套内使用面积是套内房屋使用空间的面积，以水平投影面积计算。套内使用面积是计算使用率的分子，也称为地砖面积、地毯面积或计租面积。

第9章 房地产经纪人常用名词、文书范例、相关法律法规

（8）套内墙体面积

套内墙体面积是指商品房各套内使用空间周围的维护或承重墙体。商品房的套内墙体分为共用墙及非共用墙两种。共用墙墙体水平投影面积的一半计入套内墙体面积，非共用墙墙体水平投影面积全部计入套内墙体面积。

（9）套内阳台建筑面积

套内阳台建筑面积均按阳台外围与房屋外墙之间的水平投影面积计算。其中封闭的阳台（内阳台）按水平投影全部计算建筑面积，未封闭的阳台（外阳台）按水平投影的一半计算建筑面积。

（10）公用建筑面积和分摊的公用建筑面积

公用建筑面积也叫共有建筑面积，是指由整栋楼的产权人共同所有的整栋楼公用部分的建筑面积。

分摊的公用建筑面积即简称公摊面积，是指每套（单元）商品房依法应当分摊的公用建筑面积。

应分摊的公用建筑面积包括套（单元）门以外的室内外楼梯、内外廊、公共门厅、通道、电梯、配电房、设备层、设备用房、结构转换层、技术层、空调机房、消防控制室、为整栋楼层服务的值班卫室、建筑物内的垃圾以及突出屋面有围护结构的楼梯间、电梯机房、水箱间等。套（单元）与公用建筑空间之间的分隔墙以及外墙（包括山墙）墙体水平投影面积的一半。

不能分摊的公用面积为底层架空层中作为公共使用的机动车库、非机动车库、公共开放空间、城市公共通道、沿街的骑楼作为公共开放使用的建筑面积；为多栋建筑物使用的配电房、管理用房、警卫房；人防工程地下室；独立使用的地下室；车棚和车库等。

（11）套型建筑面积

套型建筑面积，即商品房的建筑面积，也叫分户建筑面积，通常简称为建筑面积，等于套内建筑面积加分摊的公用建筑面积，即套型建筑面积=套内使用面积+套内墙体面积+阳台建筑面积+公摊面积。

(12) 销售面积

商品房按"套"或"单元"出售,商品房的销售面积即为购房者所购买的套内或单元内建筑面积(以下简称套内建筑面积)与应分摊的公用建筑面积之和。商品房销售面积=套内建筑面积+分摊的公用建筑面积,即套内建筑面积。目前的商品房买卖合同一般以套内建筑面积作为计价面积,逐步替代以套型建筑面积作为计价面积。

(13) 计租面积

计租面积作为计算房租的面积。在住房制度改革中,做出统一规定,住宅用房按套内使用面积计算,包括居室、客厅、卫生间、厨房、过道、楼梯、阳台(封闭式按一半计算)、壁橱等。非住宅用房按套内建筑面积计算。

(14) 使用率

使用率即套内使用面积系数,是套内使用面积与套型建筑面积之比,一般高层塔楼在70%~72%之间,板楼在78%~80%之间。

(15) 实用率

实用率即得房率,是套内建筑面积与套型建筑面积之比。实用率要大于使用率。

5. 有关房地产中介服务的名词

(1) 房地产服务业

狭义的房地产服务业是指《城市房地产管理法》中所称的房地产中介,仅包括房地产经纪业、房地产评估业和房地产咨询业。

广义房地产服务业包括为房地产经纪活动提供信息咨询、研究、培训、软件和网络等。

(2) 房地产中介服务

狭义的房地产中介服务,是指在房地产市场中,以提供房地产供需咨询、协助供需双方公平交易、促进房地产交易形成为目的而进行房地产租售的经纪活动、委托代理或价格评估等。广义的房地产中介服务，则覆盖房地产投资、经营管理、流通消费的各个环节和各个方面，为房地产的生产、流通、消费提供多元化的中介服务。

房地产中介服务包括房地产咨询、策划、广告、测量、会计、经纪、估价、金融、保险、信托、律师、仲裁、投资监理、贷款监理、工程监理、物业管理等。房地产中介服务与房地产开发、交易活动同属于房地产经营的范畴，都是房地产经济运行过程中不可缺少的环节。但是，我国房地产中介服务业务开展较晚，现阶段也只是刚刚起步。根据《城市房地产管理法》的规定，目前我国房地产中介服务主要表现为房地产咨询、房地产经纪和房地产估价三种形式。

（3）房地产中介服务机构

房地产中介服务机构是指按国家及地方有关法律、法规注册的具有独立法人资格的经济组织。房地产中介服务机构包括房地产咨询机构、房地产价格评估机构、房地产经纪机构等。

（4）房地产咨询

房地产咨询是指为有关房地产活动的当事人提供法律法规、政策、信息、技术等方面服务的经营活动，如房地产市场调查研究、房地产开发项目可行性研究、房地产开发项目策划等。

（5）房地产价格评估

房地产价格评估是指以房地产为对象，由专业估价人员，根据估价目的，遵循估价原则，按照估价程序，选用适宜的估价方法，并在综合分析影响房地产价格因素的基础上，对房地产在估价时点的客观合理价格或者价值进行估算和判定的活动。价格评估的主要方法有：市场比较法、收益还原法、剩余法和成本法。

（6）房地产经纪

房地产经纪是指向进行房地产投资开发、转让、抵押、租赁的当事人有偿提供房地产居间介绍、代理和行纪的经营活动，目前主要包括代理新旧房买卖、租赁等业务。

(7) 房地产经纪活动

房地产经纪活动是指向进行房地产开发、转让、抵押、租赁等房地产经纪活动的当事人有偿提供居间介绍、代理和行纪的营业性活动。

(8) 居间

居间是指房地产经纪人向委托人报告订立合同的机会或者提供订立合同的媒介服务，撮合交易成功并从委托人及其交易对象取得报酬的商业行为。其特点是服务对象广泛，房地产经纪人与委托人之间一般没有长期固定的合作关系。

(9) 房地产居间

房地产居间是指以房地产或有关房地产的业务为对象，房地产经纪人以自己的名义为他人提供交易信息和机会，通过居间协调，促成交易双方完成交易，房地产经纪人依法取得合理的中介报酬的经营活动。

(10) 居间中保

居间中保是在二手房中介市场中，为保证买卖双方合法权益、保证房屋交易正常所进行的中间担保业务。具体步骤是：按双方买卖合同的规定，将买方的资金如数如期划给卖方，将卖方的房屋产权手续和腾退的房屋如期移交给买方，使双方各得其所，避免互不信任、甚至诉诸法律的情况发生。

(11) 产权置换

产权置换是指居民之间以自身原有产权房进行置换的一种业务。一般是在中介的撮合下进行，并可由中介代办置换手续。

(12) 房屋租赁

房屋租赁是指房屋所有权人作为出租人将其房屋出租给承租人使用，由承租人向出租人支付租金的行为。

(13) 房地产行纪

房地产行纪是指房地产经纪机构收购开发商的空置商品房，在未将产权过户到自己名下的情况下以自己的名义向市场出售的行为。

（14）代理

代理是指房地产经纪人在受托权限内，以委托人名义与第三方进行交易，并由委托方直接承担相应法律责任的商业行为。其特点是房地产经纪人与委托人之间有较长期稳定的合作关系，房地产经纪人只能以委托人的名义开展活动，活动中产生的权利与责任归委托人，房地产经纪人只收取委托人的佣金。

（15）房地产代理

房地产代理是指房地产经纪人在受委托权限内，以委托人名义与第三者进行交易，并由委托人直接承担相应的法律责任的经纪行为。

（16）房地产经纪机构

房地产经纪机构是指符合执业条件，并依法设立，从事房地产经纪活动的公司和个人独资机构。

房地产经纪公司是指依照《中华人民共和国公司法》和有关房地产经纪管理的部门规章，在中国境内设立的经营房地产经纪业务的有限责任公司和股份有限公司。

个人独资房地产经纪机构是指依照《中华人民共和国个人独资机构法》和有关房地产经纪管理的部门规章在中国境内设立，由一个自然人投资，财产为投资人个人所有，投资人以其个人财产对机构债务承担无限责任的从事房地产经纪活动的经营实体。

6. 有关房地产经纪的名词

（1）经纪

经纪是指以收取佣金为目的，为促成他人交易而从事居间、代理或者行纪等有偿服务的经济活动，是社会经济活动中的一种中介服务行为。

（2）经纪业

经纪业是指从中介绍他人进行商品交易活动的行业。房地产经纪人是实施经纪行为的主体。经纪业的活动范围较广，涉及各行各业，各个区域，但政府对有些控制专营的特殊行业经纪活动，进行专业经营限制，如期货经纪、证券经纪、外汇经纪、房地产经纪等。

(3) 房地产经纪人

房地产经纪人是指在商品交换市场中专门从事为买卖双方介绍交易等中介服务活动，以获取佣金的中间商。房地产经纪人以买卖双方为服务对象，在其经纪业务活动中只起居间介绍的作用，不能成为商品买卖任何一方的当事人，也无权签订买卖合同，其服务活动是在充分尊重买卖双方权益的基础上进行的。房地产经纪人以收取一定报酬为中介服务活动的目的，主要职能包括信息服务、中介服务和代理服务三个方面。

(4) 行纪

行纪是指房地产经纪人受委托人的委托，以自己的名义与第三方进行交易，并承担规定的法律责任的商业行为。其特点是房地产经纪人与委托人之间通常有长期固定的合作关系，房地产经纪人拥有的权利和承担的责任较重。

(5) 回扣

回扣是由卖方暗中转让给买方具体经办人的一部分让利，既不是风险收入，也不是劳动收入和经营收入。

(6) 佣金

佣金是房地产经纪人开展经纪业务所得到的合理合法收入，它是由劳动收入、经营收入和风险收入构成的综合体。

(7) 房款

房地产买卖不似一般商品买卖，不能做到一手交钱一手交货，房款支付是一大难题，既要控制风险又要说服客户。一般来说，取得完税凭证后支付主要楼款是稳妥的做法，拿到新房地产证及最后交接完毕时再支付尾款。

(8) 租金

房地产租金通常按月交缴，也有约定按季或年交缴。租期内租金可以不变，也可商定每年递增比例或随行就市。写字楼租金是否包含空调费和物业管理费应特别注意，水电费通常由租户承担等等。

(9) 押金

业主交付出租房屋时，可向客户收取一至三个月不等租金数额的租赁定金，又称押金。违约时作为一种担保，合同期满业主无息退还。

(10) 违约金

违约金是由当事人约定的或者由法律直接规定的，在违约方不履行合同时，偿付给守约方的一定数额的货币。

根据相关的法律法规来看，违约金可分为法定违约金与约定违约金。法定违约金是指在一些法规中，明文规定的违约金比例或幅度范围；约定违约金是指合同双方当事人在签订合同时自愿约定的违约金比例或数额。

(11) 定金

定金指合同当事人为保证合同履行，由一方当事人预先向对方缴纳一定数额的钱款。

从《中华人民共和国合同法》《中华人民共和国担保法》等法律角度看，定金有双重性质。第一，它可作为合同的担保，以保证合同履行。第二，可以起到合同成立的证明作用。定金作为一把双刃剑，还具有惩罚性。即给付定金的一方不履行合同的，无权要求返还定金；接受定金的一方不履行合同的，要双倍返还定金。

(12) 订金

订金与定金仅一字之差，在法律性质上却有天壤之别。订金不是一个规范的概念，在法律上仅作为一种预付款的性质，是预付款的一部分，是当事人的一种支付手段，不具有担保性质。合同履行的只作为抵充房款，不履行也只能如数返还。当事人在合同中写明"订金"而没有约定定金性质的，则不能适用定金罚则。

(13) 诚意金

诚意金，即意向金，是指租售人为表明其租售诚意而交给提供租售服务的中介机构的一笔资金。在二手房租售过程中，房地产经纪人员常会建议租售人交纳一定的诚意金，使房地产经纪人员在与业主的沟通中能努力说服业主接受租售人某一价位。而如果中介机构不能成功说服业主，则需将诚意金退回给租售人。

(14) 洗盘

指通过业主资料或其他途径了解房屋的最新动态和基本情况。

(15) 洗客

指通过客户资料了解客户的最新动态。

(16) 洗楼

指通过派发资料直接和业主客户交流，了解其有关需求。

(17) 跑盘

指通过走访、电话了解楼盘信息。

(18) 跳盘

指通过同行挖走业主房源。

(19) 跳客

指通过同行挖走其客户资源。

(20) 封盘

指有准客户看中某物业时而采取的一种暂时性营销策略，某物业封盘时只能由分行经理或指定人员才有权看到该物业信息。

(21) 守价

指咬住某价格不放。

(23) 浪价

指讨价还价的方式。

(23) 差价

指房屋买卖过程中的差额。

（24）转介

指公司不同部门介绍业主、客户资源。

7. 有关房地产交易的名词

（1）房地产交易

房地产交易包括房地产转让、房地产抵押和房屋租赁三种形式。在房地产交易中国家规定了基本的制度，即国有土地有偿有限期使用制度、房地产价格申报制度、房地产价格评估制度和房地产权属登记发证制度。

（2）房地产转让

房地产转让是指房地产权利人通过买卖、赠予或者其他合法方式将其房地产转移给他人的行为。房地产转让主要有五种形式：一是房地产买卖，二是房地产交换，三是房地产赠予，四是以房地产抵债、以房地产作价出资或者作为合作条件与他人或成立法人使得房地产权利发生的转移，五是因企业兼并或者合并房地产权属随之发生的转移。

（3）房地产抵押

房地产抵押是指债务人或第三人（抵押人）以其合法拥有的房地产作为担保物向债权人（抵押权人）提供债务履行担保的行为。房地产按揭属于房地产抵押的一种形式，一般特指用所购房屋作为担保贷款购房的行为。

（4）房屋租赁

房屋租赁是指房屋所有权人作为出租人将其房屋出租给承租人使用，由承租人向出租人支付租金的行为。

（5）房地产赠予

房地产赠予是指当事人一方将自己拥有的房地产无偿地转让给他人的法律行为。

（6）房地产交换

房地产交换是指当事人将各自拥有的房地产互相转移给对方的法律行

为。房地产交换有差价的，应当就差价部分按有关规定交纳税费。

（7）现房抵押

现房抵押是指抵押人以自有房屋以不转移占有的方式向抵押权人提供债务履行担保的行为。

（8）在建工程抵押

在建工程抵押是指抵押人以其合法方式取得的土地使用权连同在建工程的投入资产以不转移占有的方式向抵押权人提供债务履行担保的行为。

（9）购房贷款抵押

购房贷款抵押是指购房人在支付首期规定的房价款后，由金融机构代其支付剩余的购房款，将所购商品房抵押给该金融机构作为偿还贷款履行担保的行为。

（10）房地产抵押效力

房地产抵押效力是指房地产抵押期间，抵押人转让已办理登记的抵押物的，应当通知抵押权人并告知受让人转让物已经抵押的情况；抵押人未通知抵押人或者告知受让人的，转让行为无效。

转让抵押物的价款明显低于其价值的，抵押权人可以要求抵押人提供相应的担保；抵押人不提供的，不得转让抵押物。抵押权人同意，抵押人转让抵押物时，转让所得价款应当向抵押权人提前清偿所担保的债权或者向与抵押权人约定的第三人提存。超过债权数额的部分，归抵押人所有，不足部分由债务人清偿。

（11）预购商品房贷款抵押

预购商品房贷款抵押是指购房人在支付首期规定的房价款后，由贷款金融机构代其支付其余的购房款，将所购商品房抵押给贷款银行作为偿还贷款履行担保的行为。

（12）抵押权人

抵押权人是指接受房地产抵押作为债务人履行债务担保的公民、法人或者其他组织。

（13）抵押人

抵押人是指将依法取得的房地产提供给抵押权人，作为本人或者第三人履行债务担保的公民、法人或者其他组织。

（14）抵押金额

抵押金额是指抵押物的实际价值。

8. 有关房地产产权与产权登记的名词

（1）有关房地产权证的名词

1）房地产权证

房地产权证简称房地产证，包括房屋所有权和土地使用权。县级以上地方人民政府由一个部门统一负责房产管理和土地管理的制作、颁发统一的《房地产权证》。

2）房屋权属证书

房屋权属证书是权利人依法拥有房屋所有权并对房屋行使占有、使用、收益和处分权利的唯一合法凭证，房屋权属证书受到国家法律保护。房屋权属证书包括《房屋所有权证》《房屋共有权证》《房屋他项权证》或者《房地产权证》《房地产共有权证》《房地产他项权证》。

3）所有权证

所有权证是指由县级以上房产管理部门向房屋所有人核发的对房屋拥有合法所有权的证书。

4）共有权证

共有权证是指由县级以上房产管理部门对共有的房屋向共有权人核发，每个共有权人各持一份的权利证书。

5）他项权利证

他项权利证是指在他项权利登记后，由房管部门核发、由抵押权人持有的权利证书。

6) 宅基地证

宅基地证是指农村村民在集体土地上因建房需要，向集体组织申请建房用地，经集体报送县（市）人民政府批准后，向县（市）土地行政主管部门申请办理集体土地使用权登记并由县（市）人民政府颁发的《集体土地使用证》。宅基地证是当前农村村民合法拥有房屋和用地的权利凭证，可以在集体内部成员之间转让，但不得向非集体组织成员转让。

7) 产权证书

产权证书是指"房屋所有权证"和"土地使用权证"的二合为一，是房地产权的法律凭证。房屋产权证书包括：产权类别、产权比例、房产坐落地址、产权来源、房屋结构、间数、建筑面积、使用面积、共有数纪要、他项权利纪要和附记，并配有房地产测量部门的分户房屋平面图。

8) 房屋产权证件

房屋产权证件是指能直接或间接证明房屋所有权归属的一切文件（狭义的房屋产权证件仅指《房屋所有权证》，即契证）。能证明房屋所有权的文件有建筑许可证、契约（合同）和契证。

(2) 有关房地产产权的名词

1) 房地产产权

房地产产权是指产权人对房屋的所有权（房屋产权）和对该房屋所占用土地的使用权，具体内容是指产权人在法律规定的范围内对其房地产的占有、使用、收益和处分的权利。

2) 房屋的使用权

房屋的使用权是指对房屋拥有的使用、利用权。房屋的使用权不能出售、抵押、赠予、继承等，它包含在房屋的所有权之中。

3) 房屋的所有权

房屋的所有权是房屋的占有权、管理权、享用权、排他权、处置权（包括出售、出租、抵押、赠予、继承）的总和。

4) 房屋的他项权利

房屋的他项权利是指由房屋的所有权衍生出来的典权、租赁权、抵押权、继承权等权利。

5) 土地使用权

土地使用权是指土地使用者在法律允许范围内对依法交由其使用的国有土地或者集体土地的占有、使用以及部分收益、处分的权利。

6) 住宅所有权

住宅所有权是指住宅建筑本身和其附属设备的所有权。

7) 房屋处分权

房屋处分权是指房屋所有权人在法律许可范围内对其房屋拥有的处置权利。房屋的处分权是所有权中一项最基本的权能。房屋的处分权由房屋所有人行使。有时房屋处分权也受到一定的限制，如房屋所有人作为债务人以住房作抵押向债权人借债，若是债务人到期不能清偿债务，债权人有权以拍卖、变卖、折价所得价款优先受偿。

8) 房屋占有权

房屋占有权是指房屋所有人对房屋实际控制的权利。它可以与所有权分离，故非所有权人也可能享有房屋占有权。

9) 房屋的收益权

房屋的收益权是指房主收取房屋财产所产生的各种收益。例如出租房屋，房主从房客处收取租金。

10) 用益权

用益权也称"用益物权"，是指对他人的物品有使用和收益权利，如租借他人的房屋，有使用该房屋权利。用益权包括典权、永佃权、地上权、地役权等。

11) 抵押权

抵押权是指房屋所有权人有将其房屋抵押给他人的权利。房屋抵押是指抵押人以其合法的房屋以不转移占有的方式提供债务履行担保的行为。债务人不履行债务时，抵押权人有权依法以抵押的房屋拍卖所得的价款优先受偿。

12） 租赁权

租赁权是指房屋所有权人有将其房屋租赁给他人的权利。房屋租赁是指房屋的所有人作为出租人将其房屋出租给承租人使用，由承租人支付租金的行为。承租人取得房屋使用权后，未经出租人同意不得随便处置所承租的房屋，除非租赁合同另有规定，否则就是违法行为。

13） 确权

确权是依照法律、政策的规定，经过房地产申报、权属调查、地籍勘丈、审核批准、登记注册、发放证书等登记规定程序，确认某一房地产的所有权、使用权的隶属关系和他项权利。

14） 典权

典权是指房屋所有权拥有者有将其房屋典当给他人以获得利益的权利。房屋典当是指承典人用价款从房屋所有人手中取得使用房屋的权利的行为。承典人与出典人（房屋所有人）要订典契，约定回赎期限（即存续期），一般期限是 3 年到 10 年不等。典期届满由出典人还清典价，赎回房屋。

15） 房地产权属

房地产权属指房地产权利在主体上的归属状态。

16） 房地产权利

房地产权利指以房地产为标的的民事财产权利。

17） 房屋权利申请人

房屋权利申请人是指已获得了房屋并提出房屋登记申请，但尚未取得房屋所有权证书的法人、其他组织和自然人。

18） 房屋权利人

房屋权利人是指依法享有房屋所有权和该房屋占用范围内的土地使用

权、房地产他项权利的法人、其他组织和自然人。

(3) 有关房地产产权登记的名词

1) 房地产产权登记

房地产产权登记简称房地产登记，也叫房地产权属登记，它是国家为健全法制，加强城镇房地产管理，依法确认房地产产权的法定手续，是房地产行政主管部门代表政府对房屋所有权以及抵押权、典权等房屋他项权利进行登记，并依法确认房屋产权归属关系的行为。

城市房地产权属都必须向房地产所在地的房地产管理机关申请登记。经审查确认产权后，由房地产管理机关发给《房地产权证》。

2) 房屋权利人

房屋权利人是指依法享有房屋所有权和该房屋占用范围内的土地使用权、房地产他项权利的法人、其他组织和自然人。

3) 房屋权利申请人

房屋权利申请人是指已获得了房屋并提出房屋登记申请，但尚未取得房屋所有权证书的法人、其他组织和自然人。

4) 房屋所有权登记发证

房屋所有权登记发证是指申请人按照国家规定到房屋所在地的房地产行政主管部门申请房屋权属登记，领取房屋权属证书的行为。

5) 房地产权属档案

房地产权属档案是指房地产行政主管部门在房地产权属登记、调查、测绘、权属转移、变更等房地产权属管理工作中直接形成的有价值的文字、图表、声像等资料。

6) 房地产产籍

房地产产籍就是记载房地产权属关系和历史情况的各种房地产权属档案及簿册资料。

7) 房地产权属档案管理

房地产权属档案管理是指房地产行政主管部门对归档的房地产权属文件

材料进行登记、整理、分类编目、划分密级、编制检索工具等的管理。

8）房地产产权产籍管理

房地产产权产籍管理是指国家通过县级以上地方人民政府设置的房地产行政管理机关及房地产产权产籍管理职能机构，依据国家法律和政策，通过审核确认所辖区域范围内的房地产产权归属关系，实施保障房地产权利人合法权益的行政行为。从广义上讲，它还包括对确认房地产权属关系所必须依据的房地产档案、资料进行的综合性管理，即产籍管理。房地产产权产籍是房地产行政管理的重要基础性工作。

9）房地产产权登记机关

房地产产权登记机关是办理房地产初始登记、转移登记、抵押登记、变更、继承、赠予等手续的部门，是当地县以上人民政府设立的房地产管理机关。不同的城市设定的房地产管理机关的名称不一致，如国土房管局、房地局、房屋管理局、住宅局和建设委员会管理等。

10）总登记

总登记也叫静态登记，是在一定行政区域和一定时间内进行的房屋权属登记。

11）土地使用权初始登记

以出让或划拨方式取得土地使用权的，权利人应申请办理土地使用权初始登记。

12）房屋所有权初始登记

初始登记是指新建房屋申请人，或原有但未进行过登记的房屋申请人原始取得所有权而进行的登记。在依法取得的房地产开发用地上新建成的房屋和集体土地转化为国有土地上的房屋，权利人应当向登记机关申请办理房屋所有权初始登记。

13）注销登记

注销登记是指房屋权利因房屋或土地灭失、土地使用年限届满、他项权利终止、权利主体灭失等而进行的登记。

14) 他项权利登记

他项权利登记是指设定抵押、典权等他项权利而进行的登记。

15) 变更登记

变更登记是指房地产权利人因法定名称改变，或是房屋状况发生变化而进行的登记。

16) 转移登记

转移登记是指房屋因买卖、赠予、交换、继承、划拨、转让、分割、合并、裁决等原因致使其权属发生转移而进行的登记。

9. 有关按揭贷款的名词

(1) 房地产抵押贷款

房地产抵押贷款主要是指银行以借款人或第三人拥有的房地产作为抵押物发放的贷款。借款人到期不能偿还贷款本息的，贷款银行有权依法处理其抵押物或质押物，或要求担保人承担连带偿还本息的责任。在抵押期间，抵押人不得随意地处理已被抵押的房地产，作为抵押权人的银行有权对抵押物进行监督和检查。

(2) 抵押贷款方式

抵押贷款方式是指贷款行以借款人或者第三人提供的符合规定条件的房地产作为抵押物而向借款人发放贷款的方式。

(3) 质押贷款方式

质押贷款方式指借款人或者第三人将凭证式国库券、国家重点建设债券、金融债券、AAA级企业债券、银行存单等有价证券交由贷款行占有，贷款行以上述权利凭证作为贷款的担保而向借款人发放贷款的方式。

(4) 保证贷款方式

保证贷款方式指贷款行以借款人提供的具有代为清偿能力的企业法人单位作为保证人而向其发放贷款的方式。

(5) 个人住房抵押贷款

个人住房抵押贷款是指借款人购、建、修住房时以借款人或第三者能自主支配的房地产作为抵押物,向银行申请一定数额借款的一种贷款方式。借款人到期不能归还贷款本息的,贷款银行有权依法处分其抵押房地产以获得清偿。

(6) 个人住房担保贷款

个人住房担保贷款是指借款人或第三人以所购住房和其他具有所有权的财产作为抵押物或质物,或由第三人为其贷款提供保证,并承担连带责任的贷款。借款人到期不能偿还贷款本息的,贷款银行有权依法处理其抵押物或质物,或要求保证人承担连带偿还本息责任。

(7) 按揭

按揭是银行按揭的简称,英文是"Mortgage",英文意思是抵押,按揭是"Mortgage"的粤语音译。银行按揭的正确名称是购房抵押贷款,是指购房者购买楼房时与银行达成抵押贷款的一种经济行为,业主先付一部分楼款,余款由银行代购房者支付,购房者的楼房所有权将抵押在银行,购房者将分期偿还银行的贷款及利息。

(8) 住房公积金

住房公积金是指国家机关、国有企业、城镇集体企业、外商投资企业、城镇私营企业及其他城镇企业、事业单位、民办非企业单位、社会团体及其在职职工缴存的长期住房储金。

(9) 个人住房组合贷款

个人住房组合贷款是指符合个人住房按揭贷款条件的借款人同时缴存了住房公积金,在申请按揭贷款的同时,向银行申请个人住房公积金贷款。在购买商品房时,既有个人住房公积金贷款也有银行按揭贷款的,便是"个人住房组合贷款"。

(10) 个人商业用房贷款

个人商业用房贷款是指贷款银行应借款人申请,向其发放贷款用于在中国境内购买自营性商业用房和自用办公用房,借款人将所购房产抵押给银行作为按期偿还贷款的担保。

(11) 抵押物财产保险

抵押物财产保险是针对所购房产安全的财产险，当抵押房产遭受意外事故（如火灾、爆炸）或自然灾害（暴雨、洪水、地震）毁损时，由保险公司负责赔偿。

(12) 贷款信用保险

贷款信用保险是针对购房人在保险期内因疾病、意外事故造成死亡、残疾而无法偿还购房贷款，或因失业一定时间以上，以致无力继续还贷时，由保险公司代其向贷款银行清偿尚欠贷款本息。赔偿额度会因购房人的受伤程度有所不同，如果购房人死亡，保险公司负责清偿全部贷款本息，如果购房人因伤致残，则保险公司会选择适当比例做出补偿。

(13) 购房贷款综合保险

购房贷款综合保险是将抵押物财产保险与贷款信用保险合二为一的综合保险形式。该险种在保障抵押房产遭受意外或自然灾害毁损的风险的同时，保障即使购房人遭受人身意外或因失业等丧失供房能力，所见贷款仍可得以清偿。可见这一险种比以往的房屋险多了一重保障。而且保险的费用基本一致。只是有些保险公司对投保该险种有一些限制条件，比如购房者的年龄、贷款的额度等。

(14) 加按揭

加按揭是指已办理按揭贷款的借款人，因为尚未达到最高贷款金额或最长贷款期限而向银行申请增加贷款金额或延长贷款期限，或者当还款达到一定额度后，将原来按揭购买的房产作为抵押，获得新的贷款，用于购买新的住房及家居消费的一种贷款形式。

(15) 抵押涂销

已在房地产管理部门办理了抵押登记手续的购房人，在还清全部贷款本息后，应持相关证件材料到原登记部门申请解除抵押，原登记部门审核后予以注销抵押登记的行为。

办理抵押涂销需要提交下列材料：身份证明、贷款银行出具的结清贷款证明、《房地产权证》《他项权证》、抵押涂销登记申请表等。

10. 有关房地产交易税费的名词

（1）税收与税率

税收是国家为实现其职能，凭借政治权力，按照法律规定的标准，强制地、无偿地征收货币或实物的一种经济活动，是国家参与社会产品和国民收入分配和再分配的重要手段，也是国家管理经济的一个重要调节杠杆。

税率是指纳税额与征税对象数额之间的比例，它是计算应纳税额的尺度，我国现行税法的税率有比例税率、累进税率和定额税率三种。

（2）契税

契税是指房屋所有权发生变更时，就当事人所订契约按房价的一定比例向新业主（产权承受人）征收的一次性税收。征收范围主要是对个人和私营单位购买、承典、承受赠予或交换的房屋征收契税，1997年4月23日，我国颁布了新的《契税暂行条例》，规定契税税率为3%~5%。具体契税适用税率，由省、自治区、直辖市人民政府在税率范围内按照本地区的实际情况确定，一般为1%~3%。

典契税率，按典价征收3%。赠予契税率，按现值价格征收6%（地方补贴3%）。

（3）印花税

印花税是对经济活动和经济交往中书立、领受凭证征收的一种税。它是一种兼有行为性质的凭证税，具有征收面广、税负轻、由纳税人自行购买并粘贴印花税票完成纳税义务等特点。

印花税的课税对象是房地产交易中的各种凭证，包括房屋因买卖、继承、赠予、交换、分割等发生产权转移时所书立的产权转移书据，一般买卖合同的印花税为万分之五，房地产产权证的印花税为每件5元，买卖双方均需缴纳此税。

(4) 营业税

营业税即销售营业税，凡房地产转让、咨询、中介、信息服务及房地产出租都必须交纳营业税。营业税是对中国境内经营交通运输业、建筑业、金融保险业、邮电通信业、文化体育业、娱乐业、服务业或有转让无形资产、销售不动产行为的单位和个人，按其营业额所征收的一种税，一般税率为5%。其中金融保险业、服务业、转让无形资产和销售不动产税率为5%。

(5) 营业税附加

营业税附加是指对交纳营业税的单位和个人，就其实缴的营业税为计税依据而征收的城市维护建设税与教育费附加。其中，城市维护建设税＝营业税×7%，教育费附加＝营业税×3%。所以，营业税附加＝城市维护建设税＋教育费附加＝营业税×10%＝转让收入×0.5%。在需要交纳营业税的情况下，就需要交纳营业税附加。

营业税和营业税附加一般合为一项征收，称为营业税及附加，税金＝转让收入×5.5%。

(6) 个人所得税

个人所得税简称个税，是指个人将拥有合法产权的房屋转让、出租或其他活动并取得收入，就其所得计算征收的一种税赋

(7) 土地增值税

土地增值税是国家为了规范土地和房地产交易秩序，调节土地增值收益而采取的一项税收调节措施。

(8) 房产税

房产税是以房屋为征税对象，对产权所有人就其房屋原值或租金收入征收的一种税费。由于房产是财产的一种，所以房产税也是一种财产税。

房产税的纳税人是拥有房产产权的单位和个人。产权属于全民所有的，由经营管理的单位缴纳；产权出典的，由承典人缴纳；产权所有人、承典人不在房产所在地的，或者产权未确定及租典纠纷未解决的，由房产代管人或使用人缴纳。房产税的纳税人具体包括：产权所有人、经营管理单位、承典

人、房产代管人或者使用人。

(9) 房地产交易手续费

房地产交易手续费又称买卖手续费、过户手续费或交易管理费，是指由政府依法设立的，由房地产主管部门设立的房地产交易机构为房屋权利人办理交易过户等手续所收取的费用，收费标准按照面积或交易额分段收费，一般为100～1000元之间。

(10) 房屋权属登记费

房屋权属登记费即房屋所有权登记费，是指县级以上地方人民政府行使房产行政管理职能的部门依法对房屋所有权进行登记，核发房屋所有权证书时，向房屋所有权人收取的登记费，一般为100元左右。

(11) 勘丈费

勘丈费是指房产测绘机构收取的房产测绘（或勘丈）费用，一般为几十元至几百元。

(12) 土地出让金

转让在划拨土地使用权用地上建造并允许出售的商品房，卖方需按规定缴纳土地出让金。

(13) 真实成交价

这是买卖双方协商的真实成交价格，也是中介佣金的计算依据。

(14) 合同报价

这是买卖双方为了减少缴纳相关税费而在填写递交给房管部门的买卖合同中所报的价格，一般会低于真实成交价。

(15) 房管部门的评估价

这是房管部门根据该地段和该小区的历史成交价格以及之前的调查所评估的价格，一般也会低于当时的市场成交价。房管部门的评估价主要是审查买卖双方的合同报价是否会过低。当买卖双方的合同报价低于房管部门的评估价时，则以房管部门的评估价为计税标准。

（16）按揭贷款的评估价

这是为了向银行办理抵押贷款前，委托评估机构对该房屋进行价格评估，该评估价也是银行放贷的依据。通常不少二手住房购买者为了能多贷银行的款，减低首付压力，会示意评价机构将该房屋尽量评高。但是银行为了规避风险，按揭贷款的评估价通常会比真实成交价要低。

第2节　房地产经纪人常用文书参考范例

1. 独家委托书

独家委托书

填写说明：本合同【】中的内容供填写时选择使用，请将不选择的内容以划线删除；本合同空白部分双方不作约定时，应以划线删除。

委托方：_____　委托方身份证号码：_____

受托方：_____

委托方现委托受托方独家代理【出租】【出售】以下物业（以下简称"该物业"），具体如下：

一、该物业的出租/出售条件：

1. 物业地址：_____。
2. 建筑面积____ m^2 以【房地产权证】【商品房买卖合同】所载面积为准。
3. 【月租金】：_____元或以上；【售价】：_____元或以上。
4. 付款方式：_____。
5. 交易税费支付方式：

按国家规定【各付各税】【买卖双方税费由买方支付】【买卖双方税费由卖方支付】

6. 交吉情况：【交付吉屋（不带家私电器）】【带家私】【带电器】【带家私电器（详见备注清单）】
7. 交吉时间：____年____月____日或_____

8. 委托期限：从____年____月____日起至____年____月____日止。委托期间委托方取消委托的，应向受托方支付____元作为信息咨询服务费。

9. 委托方保证以上内容为真实，保证拥有上述物业的合法权利。

二、委托方指定受托方为该物业出租/出售的独家委托公司。若租客/买家同意委托方出租/出售该物业的上述条件，委托方全权委托受托方代委托方收取客户定金。

三、若受托方在委托期限内取得租客/买家对委托方出租/出售该物业上述条件的书面确认，租客/买家的确认到达受托方即视为到达委托方，合同即告成立。

四、受托方在代理期限内有义务组织，包括策划、广告、推介等到工作，协助委托方寻找合适的租客/买家。如委托方成功与租客/买家签订合同，委托方愿意向受托方支付_____个月的租金，或售价的_____%作为咨询及中介服务费。

五、委托期间，委托方保证不会自行租售该物业，不会委托其他中介公司或第三人代理租售该物业，并不会与受托方所介绍的租客/买家私下进行交易，而且，在委托期限届满后六个月内，委托方不会与受托方介绍之租客/买家成交，或利用受托方提供的信息及条件通过第三方成交，否则视为受托方促成委托方与租客/买家达成交易，委托方须按上述第四条的约定支付咨询及中介服务费。

六、受托方同时会向租客/买家收取咨询费及中介服务费，对此委托方并无异议。

七、受托方发至委托方的通知、文件、资料的送达地址以下述地址为准，自邮寄之日五天内视为送达。委托方的有效通信地址为：_____。

八、本委托书自委托方签字之日起生效。

九、备注（对上述条款的修改或补充）：_____

委托方签章：_____　　　委托方：_____

电话：_____　　　经办人：_____

日期：____年____月____日　　　日期：____年____月____日

2. 看房委托书

看房委托书

1. 本人委托××中介公司为本人寻找合适的房地产物业供本人购买或租用，向本人介绍物业的具体位置或带本人实地看相关房地产物业以供本人挑选，并为本人提供房地产信息咨询服务；在本人达成购买或承租某物业时，为本人提供见证和代办手续的服务。

2. ××中介公司应尽全力提供关于该物业的完整信息，但对所提供信息只作参考用途。若介绍或带看之物业本人未成交，则广××中介公司承诺不收取任何费用。本人将在购买或承租以上物业前作实地视察直至自认满意为止。

3. 本人承诺，若本人（或本人之亲属、授权人、代理人）成功地购买或承租××中介公司所介绍或带看介绍之物业，则本人会向××中介公司支付购买该物业总价的2%左右或承租该物业的半个月租金作为中介服务费。该中介服务费的支付时间为本人与业主签署合约之时。

4. ××中介公司所介绍或带看的物业如下表，该表由××中介公司房地产经纪人自行填写：

带看时间	房地产物业位置	房地产经纪人

5. ××中介公司在本人成交之后需负责提供后续各项房地产信息咨询服务和代办、居中见证服务。

6. 本人承诺遵守诚实、信用原则，不会再直接或间接地与以上由××中介公司介绍或带看的物业的业主取得联系并私下达成购买或承租合约，并同意在介绍或带看以上物业的六个月内，本人无论以何种方式及任何价格私下成交的，即使以上物业最后由本人之亲属、授权人、委托人或代理人购买或承租，或经××中介公司介绍、带看、咨询成交后因本人（或本人之亲属、授权人、代理人）的原因导致本协议终止的，本人仍会按第3条约定全部支付××中介公司上述的中介服务费。如本人拖延支付给××中介公司中介服务费的，则自本人（或本人之亲属、授权人、代理人）达成交易当日起算，每逾一天，按百分之一计算滞纳金。

委托人：_____
自用手机号码：_____
时间：_____年_____月_____日

3. 房地产买卖合同

房地产买卖合同

填写说明：本合同【】中的内容供填写时选择使用，请将不选择的内容以划线删除；本合同空白部分三方不作约定时，应以划线删除。

卖　　　方：_____　【身份证】【护照】号码：_____
法定代表人：_____　【营业执照】号码：_____
委托代理人：_____　【身份证】【护照】号码：_____

买　　　方：_____　【身份证】【护照】号码：_____
法定代表人：_____　【营业执照】号码：_____
委托代理人：_____　【身份证】【护照】号码：_____

代 理 方：_____

注册地址：_____

资质号码：_____

买卖双方经经纪方介绍，自愿就物业买卖和办理物业交易过户事宜签订合约如下：

第一条 物业情况

物业《房地产权证》编号：_____号

物业地址：_____区_____物业（以下简称"该物业"）

建筑面积：_____ m^2（不含/含公共分摊面积）

用　　途：_____

（以上内容以《房地产证》记载内容为准）

第二条 成交价

该物业成交价为人民币（大写）____佰____拾____万____仟____佰____拾____元整（小写）¥____元（大小写不一致时，以大写为准，下同）。此成交价已包括卖方自买入该物业后至本次出售已产生及已支付一切费用（包括管道煤气初装费、有线电视初装费、电话初装费及入住费用、大厦维修基金等）。

第三条 成交价交接方式

该物业有关付费方式详见《附件》，买卖双方均同意按照《附件》所约定的条款交付楼款。买方须按该付款方式按时付清楼款，卖方应提供合法有效的收款凭证给买方。该《附件》为本合同的有效组成部分，与本合同具有同等法律效力。

第四条 双方关于交易过户税费约定

1. 买卖双方税费缴付方式：双方同意本宗交易按规定向有关政府部门支付的全部税费由【买卖双方各自承担】【卖方承担】【买方承担】。

2. 税费缴纳时间：在递件成功后，由代理方通知买卖双方，买卖双方在收到代理方缴税通知后三个工作内到有关政府部门缴纳。

第五条 物业交付标准：

1. 买卖双方同意该物业交付使用的时间为【卖方收齐楼款当天】【_____】，买卖双方应在收楼当天一并到场查验房屋。查验后【卖方将房屋钥匙交付给乙方】【_____】即视为房屋转移占有的标志。

2. 该物业以现状售予买方，而买方或其授权代表已检查并同意以现状购获该物业，对该物业的朝向、面积、结构、楼层、间隔、质量、装修、产权情况等均予以认可，故买方不得借此拒绝交易。该物业之现状是指：

(1)【不带家私电器】【有家私电器（详见家私电器清单）】；

(2)【不带租约】【带租约，买方同意连同现有之租约一起购入该物业，卖方须协助买方与租户签订新的租约，并将租约约定的保证金（或按金等）人民币_____元整在交付该物业予买方使用当天转交给买方】。

第六条 其他约定

一、卖方。

1. 卖方为该物业合法产权人，保证对该物业享有完整处分权并保证该物业没有产权纠纷和债权债务纠纷。由于卖方的原因，造成该物业不能办理产权登记或发生债权债务纠纷的，由卖方承担全部责任，赔偿买方由此引起的一切损失（包括买方支付或应当支付给代理方的费用）。

2. 卖方须在该物业交接前，结清有关该物业的产权债务、税项及一切有关费用（如水、电、煤气、电话、管理费等杂费），并提供相关证明文件。卖方保证该物业通水通电，并承担开通费用。

3. 卖方须在规定的时间内迁出该物业的户口，逾期迁出将视为卖方违约。

4. 签署本合约后卖方须在约定时间内缴齐有关资料及办理相关手续，卖方保证在该物业交易中所提供的资料是真实完整、合法准确的，且配合买方、代理方签署相关文件及办理相关手续，缴纳该次交易所需支付的各项费用，直至该物业交易过户完毕为止，不得延期，除非不可抗力原因或经卖方同意，否则视为违约。

5. 在交易完成之前，卖方若无故单方终止履行本合约，也视为违约。卖方违约，卖方除负担所有因办理该宗买卖发生的费用和退回实际已收房款（含定金）给买方外，并向买方支付该物业成交价的10%作违约金，卖方仍须向代理方支付违约金￥_____元。

6. 卖方逾期交付该物业，或者未能履行合约约定的其他义务，每逾期一天，按该物业成交价的千分之一向买方支付违约金，逾期60天，买方有权不购买该物业，卖方应退回全部已收款项并向买方支付该物业成交价的10%作违约金。

二、买方：

1. 签署本合约后买方须在约定时间内缴齐有关资料及办理相关手续，买方保证在该物业交易中所提供的资料是真实完整、合法准确的，且配合卖方、代理方签署相关文件及办理相关手续，缴交该次交易所需支付的各项费用，直至该物业交易过户完毕为止，不得延期，除非不可抗力原因或经卖方同意，否则视为违约。

2. 在交易完成之前，买方若无故单方终止履行本合约，也视为违约。买方违约，买方除负担所有因办理该宗买卖发生的费用外，另向卖方支付该物业成交价的10%作违约金后，卖方将已收房款（含定金）退予买方，买方仍须向经纪方支付违约金￥_____元。

3. 买方逾期支付楼款，或者未能按时履行合约书约定的其他义务，每逾期一天，按该物业成交价的千分之一向卖方支付违约金，逾期60天，卖方有权不再出售该物业，买方应向卖方支付该物业成交价的10%作违约金。

三、签署本合约后，如遇政府及有关部门调整税费，买卖双方应按其新规定执行。

四、买卖双方因自行交接房款所引起的经济及法律纠纷，与代理方无关，代理方不承担任何责任。

五、在任何情况下，代理方无须承担买卖双方违约责任。

第七条 代理费及咨询费支付

1. 基于代理方在买卖该物业时提供的中介服务和咨询服务，并促成买卖双方签署本合约，买卖双方同意在本合同生效当日向代理方支付中介代理费及咨询费（具体详见附件一《咨询及中介服务费确认书》）。

2. 逾期支付中介代理费及咨询费的，须从签订本合同之日起按代理费及咨询费总金额的千分之五支付违约金代理方至全部支付完毕之日止。提前终止买卖不影响本代理费的支付。

第八条　卖方同意于签署合同当天交付人民币＿＿＿＿＿＿元整予代理方保管作为结清该物业之杂费（包括水、电、煤气、电话、管理费、电视费、清洁费等）保证金和户口迁出保证金。在＿＿＿年＿＿＿月＿＿＿日前卖方须缴清有关费用及办理好户口迁出手续后，由代理方转付给卖方。逾期未付清应缴费用，卖方同意买方有权从卖方已缴交给代理方保管的杂费保证金中扣除缴付，待结清相关杂费或通水通电后，由代理方无息退还剩余杂费保证金予卖方。如卖方未交付杂费保证金或所交付的杂费保证金不足支付欠费，则买方有权向卖方追讨。

第九条　在本合约执行过程中如有争议应协商解决，协商不成可向人民法院提起诉讼。

第十条　本合同与任何在此之前任何一方在谈判中的声称、理解、承诺及协议不一致时，以本合同为准。买卖双方签订的《××市房地产买卖合同》与本合同具同等效力，不一致时以本合同为准。

第十一条　经纪方已就本合同所有条款的含义向买卖双方做出详尽解释，合同各方对上述每一条款的含义已全部理解明白且无异议。

第十二条　本合约首页记载的合约各方通讯地址为所有通知、文件、资料等送达地址。上述地址如有变更，应在变更后三日内书面通知本合约其他各方，否则仍以原地址为所有通知、文件、资料等送达地址。当面交付文件的，在交付之时视为送达；通过邮寄方式的，以投邮当日视为送达。

第十三条　买卖双方约定其他事宜。

第十四条　本合约一式三份，买卖双方、经纪方各执一份，具同等法律效力。

卖方签章：_____　　买方签章：_____　　经纪方签章：_____
委托代理人：_____　　委托代理人：_____　　房地产经纪人签章：____
签约时间：_____　　签约时间：_____　　签约时间：_____

客户须知：

1. 阁下凡向我司缴付款项，我司将根据款项内容开具盖有"财务专用章"或"发票专用章"的收据或发票。

2. 如有员工私自向阁下开具白条收据或作出承诺，而未加盖公司印章的，请阁下拒绝接受，否则我司对此不予认可，并不承担由此而引起的一切法律责任。

3. 根据国家有关规定，本公司不代收代管买卖双方的交易资金。

附件（付款方式）：

填写说明：本合同【】中的内容供填写时选择使用，请将不选择的内容以划线删除；本合同空白部分三方不作约定时，应以划线删除。

买卖双方均同意经纪方按下列第_____种方式收付楼款：

A. 一次性付款

1.【定金】【部分定金】：人民币____佰____拾____万____仟____佰____拾____元整（¥_____元）买方应于_____年_____月_____日支付给卖方，卖方收到价款后自动转为部分楼款。

2. 定金余款：人民币____佰____拾____万____仟____佰____拾____元整（¥_____元）买方应于_____年_____月_____日前支付给卖方并自动转为部分楼款。

3. 首期楼款（不含定金）：人民币____佰____拾____万____仟____佰____拾____元整（¥_____元），买方按下列第_____种方式交付。同时买卖双方应在签署本合约后_____年_____月_____日前备齐交易所需要资料到房屋登记机关办理申请递件手续。如因房管局或政策变化等合同三方以外之原因导致交易延迟，则交易时间相应顺延，顺延至上述情况解除之日止。

（1）买方应在房管部门出具成功受理本次交易的递件回执当天直接支付给卖方，买卖双方愿意自行承担由此而产生的一切法律责任。

（2）_____。

4. 楼价余款：人民币____佰____拾____万____仟____佰____拾____元整（¥_____元），买方按下列第____种方式交付：

（1）买方应在本次交易完税当天直接支付给卖方，买卖双方愿意自行承担由此而产生的一切法律责任。

（2）_____。

5. _____。

B. 银行按揭付款

申请贷款种类：【商业贷款】【公积金贷款】【组合贷款】

1. 【定金】【部分定金】：人民币____佰____拾____万____仟____佰____拾____元整（¥_____元）买方应于_____年_____月_____日支付给卖方，卖方收到款后自动转为部分楼款。

2. 定金余款：人民币____佰____拾____万____仟____佰____拾____元整（¥_____元）买方应于_____年_____月_____日前支付给卖方并自动转为部分楼款。

3. 买方应于_____年_____月_____日前签订《购房抵押贷款合同》并提交全部贷款所需要资料及支付贷款所需要费用，同时，卖方必须提供齐全办理银行贷款所需要的资料及协助买方申请银行按揭。买方应在签署本合约同时授权经纪方委托的按揭机构办理按揭手续及交易过户手续，并向银行申请_____年_____万元的银行按揭贷款（以银行批准的结果为准）。

4. 首期楼款（不含定金）：人民币____佰____拾____万____仟____佰____拾____元整（¥_____元），买方按下列第_____种方式交付。买卖双方应在【银行出具同意贷款通知书或相关意向回复后五个工作日内】【_____年_____月_____日前】，到房屋登记机关办理申请递件手续。如因房管局或银行等合同三方以外之原因导致交易延迟，则交易时间相应顺延，顺延至上述情况解除之日止。

（1）在房管部门出具成功受理本次交易的递件回执当天直接支付给卖方，买卖双方愿意自行承担由此而产生的一切法律责任。

（2）买方应在_____年_____月_____日直接支付给卖方。

（3）_____。

5. 若首期房款（含定金）加银行批准按揭贷款小于成交价的，买方必须于收到银行批出同贷书三个工作日内将房款补足交给卖方。

6. 楼价余款（即申请贷款额）：人民币_____元整（¥_____元），在交易过户及抵押登记手续完成后，由贷款银行直接划给卖方。

7. _____
_____

C. 转按揭付款

1.【定金】【部分定金】：人民币____佰____拾____万____仟____佰____拾____元整（¥_____元）买方应于_____年_____月_____日支付给卖方，卖方收到款后自动转为部分楼款。

2. 定金余款：人民币____佰____拾____万____仟____佰____拾____元整（¥_____元）买方应于_____年_____月_____日前支付给卖方并自动转为部分楼款。

3. 卖方应在收到定金后_____日内向抵押银行办理转按申请手续，并如实向经纪方及买方提供所欠贷款情况，同时在经纪方或银行通知时间内提供齐全办理银行贷款所需要的资料，且协助买方申请银行按揭。

买方则应于_____年_____月_____日前签订《购房抵押贷款合同》并提交全部贷款所需要资料及支付贷款所需要费用，同时，卖方也必须提供齐全办理银行贷款所需要的资料及协助买方申请银行按揭。买方应在签署本合约同时授权经纪方委托的按揭机构办理按揭手续及交易过户手续，并向银行申请_____年_____万元的银行按揭贷款（以银行批准的结果为准）。

4. 首期楼款（不含定金）：人民币____佰____拾____万____仟____佰____拾____元整（¥_____元），买方按下列第_____种方式交付。买卖双方应在【银行出具同意贷款通知书或相关意向回复后五个工作日内】【_____年_____月_____日前】，到房屋登记机关办理申请递件手续。如因房管局或银行等合同三方以外之原因导致交易延迟，则交易时间相应顺延，顺延至上述情况解除之日止。

（1）在房管部门出具成功受理本次交易的递件回执当天直接支付给卖方，买卖双方愿意自行承担由此而产生的一切法律责任。

（2）买方应在_____年_____月____日直接支付给卖方。

（3）_____。

5. 若首期房款（含定金）加银行批准按揭贷款小于成交价的，买方必须于收到银行批出同贷书三个工作日内将房款补足交给卖方。

6. 楼价余款（即申请贷款额）：人民币_____元整（￥_____元），在交易过户及抵押登记手续完成后，由贷款银行扣除卖方所欠款项后直接划给卖方。

7. 卖方在办理转按期间仍需继续履行按期还款义务，直至买卖转按手续完成时。

8. 如遇银行需冻结楼款的，买卖双方均同意按照银行的有关规定执行。

9. _____。

D. 涂销抵押后付款

一、【卖方出资赎契】

1. 【定金】【部分定金】：人民币____佰____拾____万____仟____佰____拾____元整（￥_____元）买方应于_____年_____月_____日支付给卖方，卖方收到款后自动转为部分楼款。

2. 定金余款：人民币____佰____拾____万____仟____佰____拾____元整（￥_____元）买方应于_____年_____月_____日支付给卖方，卖方收到款后自动转为部分楼款。

卖方应在签订本合同后_____天内向抵押银行办理提前还贷手续，并在代理方或银行发出还贷通知之日起_____天内还清贷款（若存在逾期供款，卖方应提前偿还），卖方承担还贷之一切手续费用。

买方按揭付款的，买方须在合同签订后_____天到银行办理按揭贷款申请，签署《购房抵押贷款合同》，提供贷款所需资料，同时卖方必须提供协助。

3. 首期楼款：（不含定金）人民币____佰____拾____万____仟____佰____拾____元整（¥_____元）买方应【在签署《购房抵押贷款合同》前交至代管机构代管，代管机构在成功递件后当天付给卖方】【在_____年_____月_____日前直接支付卖方本人或账户（到账即视为收取）】。

4. 楼价余款：

（1）旧一次性付款：人民币____佰____拾____万____仟____佰____拾____元整（¥_____元）买方应于【该物业交易完税过户之日付清】【在_____前交至代管单位，由代管单位于完税过户当天付给卖方】。

（2）按揭付款：贷款银行批准按揭金额，该款在办妥交易过户及抵押登记后，由贷款银行划入卖方在该贷款银行所开设的账户。若银行实际贷款额与应付楼价余款的差额由买方于递件成功后缴交税前与首期楼款一并支付给卖方。

5. 【买卖双方于签订本合同后_____天内书面委托经纪方或经济方指定机构办理转名手续并提交交易所需资料及支付各自承担之公证、交易费用】。

6. 买卖双方在银行出具同意贷款通知书或相关意向回复后_____天内备齐交易所需之资料向房屋登记机关申请递件。

7. 卖方出资赎契后，因买方原因导致无法交易过户或本次交易无法继续进行的，属于买方违约，则买方应向卖方支付等额于总楼价20%的违约金。

8. _____

二、【买方出资赎契】

1. 定金：人民币____佰____拾____万____仟____佰____拾____元整（¥_____元）买方应于_____年_____月_____日支付给卖方，卖方收到款后自动转为部分楼款。

2. 定金余款：人民币____佰____拾____万____仟____佰____拾____元整（¥_____元）买方应于_____年_____月_____日支付给卖方，

卖方收到款后自动转为部分楼款。

买方出资赎契手续的，买方必须与本合同签署三天内不可撤销地全权委托经纪方或经纪方指定机构办理赎契手续，并将相关的供款存折及对应的银行卡、借款合同等资料交给经纪方保管并全力协助经纪方指定之按揭机构办理按揭办理赎契手续，同时签署公证委托书，委托经纪方或经纪方指定按揭机构代办提前还贷及取回产权资料、交易过户等相关手续直至完成上述事项为止，不得中途擅自撤销委托和在未得经纪方同意的前提下擅自从贷款银行取回产权资料，否则视为严重违约。买方赎契款项一旦划至卖方贷款账户，到账即视为卖方已收取该部分楼款。该款项专用于赎契，卖方不得擅自挪用。买方承担还贷之一切手续费用。

【买方按揭付款的，买方须在合同签订后_____天到银行办理按揭贷款申请，签署《购房抵押贷款合同》，提供贷款所需资料，同时卖方必须提供协助】。

3. 首期楼款：(不含定金) 人民币____佰____拾____万____仟____佰____拾____元整（¥_____元）买方应于【_____前交至代管单位代管，由代管单位接到银行还贷通知后转付卖方贷款账号内，到账即视为卖方已收取】【经纪方或银行通知还贷之日起_____天内由买方直接付至卖方贷款账号内】。

4. 余下首期款：人民币____佰____拾____万____仟____佰____拾____元整（¥_____元）须于成功递件当天直接支付卖方。

5. 楼价余款：

(1) 一次性付款：人民币____佰____拾____万____仟____佰____拾____元整（¥_____元）买方应于【该物业交易完税过户之日付清】【在_____前交至经纪方代为保管，由经纪方在完税过户后五个工作日内转交卖方】。

(2) 按揭付款：贷款银行批准按揭的金额，该款在办妥交易过户及抵押登记后，由贷款银行划入卖方在贷款银行开设的账户内。若银行实际贷款额与应付楼价余款的差额由买方于递件成功后缴交税费前与首期楼款一并支付给卖方。

6. 【买卖双方签订本合同后_____天内书面委托经纪方或经纪方指定机构办理该物业转名之一切手续并提交交易所需之全部资料及支付各自承担之公证、交易费用】。

7. 买卖双方须在完成提前还贷、涂销抵押登记及归档手续后_____天内备齐交易所需之资料向房屋登记机关申请买卖。

8. 买方出资赎契后，因卖方原因导致无法交易过户或本次交易无法继续进行的，属于卖方违约，则卖方应向买方支付等额于总楼价20%的违约金。

9. _____

卖方签章：_____　　买方签章：_____　　经纪方签章：_____

委托代理人：_____　　委托代理人：_____　　房地产经纪人签章：____

签约时间：_____　　签约时间：_____　　签约时间：_____

4. 房屋租赁合同

房地产租赁合同

填写说明：【 】中选择内容，打勾表示选取，打叉表示不选取；对于合同空白部分，租赁双方不作约定时，应以向上斜线以示删除。

出租方（下称甲方）：_____

【身份证号码】【国籍和护照号】：_____

法定代表人：_____

营业执照：_____　　　　地址：_____

委托代理人姓名：_____

【身份证号码】【国籍和护照号】：_____

承租方（下称乙方）：_____

【身份证号码】【国籍和护照号】：_____

法定代表人：_____

营业执照：_____ 地址：_____

委托代理人姓名：_____

【身份证号码】【国籍和护照号】：_____

房地产中介服务方：_____ 房地产经纪人：_____

根据《中华人民共和国合同法》及相关法律法规的规定，合同三方在平等自愿、友好协商的基础上，一致达成如下协议：

第一条　甲乙双方通过房地产中介服务方的介绍，乙方承租甲方位于_____之物业（以下简称"该物业"），建筑面积为_____m²（以【房地产证】【商品房买卖合同】为准）。

第二条　甲方同意将该物业出租给乙方作【居住】【商业】【_____】用途使用，租期为_____【月】【年】，从_____年_____月_____日至_____年_____月_____日为止。甲方保证对该物业享有合法出租的权利及完整处分权，出租该房产并没有侵犯第三人的权利，并保证本合同所载有关房产之情况及所提供的全部资料均真实、合法、准确、完整，否则甲方应全部承担由此引致的一切责任。同时乙方已经实地考察该物业，对该物业的坐向、面积、楼龄、间隔、质量、装修、抵押和产权情况等均予以认可。

第三条　甲乙双方约定月租为人民币____万____仟____佰____拾零元整（￥_____元），租金按【每个月】【_____】结算。乙方应在每交租周期的当天，即_____日前交齐下期租金，甲方应出具收据（乙方采用银行转账的，甲方需在收到租金当天发信息告知乙方收到下期租金）。乙方必须按期交纳租金，否则除继续缴纳租金外，每逾一天，应按欠款金额的百分之三支付滞纳金，超过七天，则甲方有权终止合同收回房屋，且租赁保证金归甲方所有，乙方应补交所欠房租及使用性质费用，同时租赁保证金不能抵扣租金。

第四条　乙方交付租金的方式为【现金支付】【将租金汇入甲方指定的银行账户】。甲方的指定银行为：_____ 银行账号为：_____，开户名为：_____。

第五条　乙方于签订本合同的当天向甲方支付定金人民币_____元，如甲方收取乙方定金后，未能按本合同约定出租该物业的，则需向乙方双倍返还定金；如乙方未能按本合同约定承租该房产，则甲方有权没收定金。乙方向甲方交付租赁保证金时，该定金转为保证金。

第六条　乙方于签订本合同的三日内向甲方交付租赁保证金人民币____万____仟____佰____拾零元整（¥_____元），以及首期租金为人民币____万____仟____佰____拾零元整（¥_____元）。如乙方逾期交付租赁保证金或首期租金超过叁天的，则甲方有权单方解除合同，没收乙方的定金，并可将该物业另行出租。租赁期满后，乙方付清租金及其他费用并按期迁出时，甲方应即时将租赁保证金无息退还给乙方。若因乙方违约造成甲方经济损失的，甲方有权从保证金中扣除相关费用，若保证金不足以赔偿甲方损失的，乙方须在叁天内补足给甲方。

第七条　甲方在收到乙方交付租赁保证金及首月租金的【当天】【_____】将物业交付乙方使用，甲方逾期交付该物业的，每逾期一天，应按月租金额的百分之三支付滞纳金，逾期超过七天，乙方有权单方解除合同，甲方除应向乙方返还已收的全部款项外，还应当向乙方赔偿与保证金同等的违约金。甲方向乙方交付物业前应先结清物业管理费、水电费、燃气费、有线电视费等相关使用费用。甲方【不提供家私电器】【提供家私电器（详见房屋家私电器清单）】给予乙方于租赁期间使用。

第八条　基于_____为甲乙双方提供房地产信息咨询服务并促成甲乙双方签订了本合同，甲方同意于本合同签订之时向房地产中介服务方支付人民币____万____仟____佰____拾零元整（¥_____元）作为中介服务费；乙方同意于本合同签订之时向房地产中介服务方支付人民币____万____仟____佰____拾零元整（¥_____元）作为中介服务费。

甲方或乙方逾期支付该中介服务费的，则每逾期一天，除需要交齐该中介服务费外，还需按所欠费用金额的百分之三向房地产中介服务方支付滞纳金。如甲方或乙方委托他人代为签订本合同的，则甲方或乙方的委托代理人同意向房地产中介服务方连带承担支付中介服务费的责任。

第九条　租赁期间，需要交纳的税费由甲乙双方按相关规定各自承担。水电费、燃气费、电话费、物业管理费、网络费等以及因乙方使用该物业而产生的费用由乙方负责支付。

第十条　在租赁期间内，甲方负责该物业主体结构、电路、燃气管道、来去水管、电视线路的维修保养。应当履行物业的维修义务，乙方在物业需要维修时可以要求甲方在七天内维修。甲方未履行维修义务的，乙方可以自行维修，维修费用由甲方负担。因维修物业影响乙方使用的，应当相应减少租金或者延长租期。如因甲方维修责任而延误物业维修造成他人伤害、财产损失的，应负责赔偿。

第十一条　在租赁期内，乙方应爱护和正常使用房屋及其设备，未经甲方同意不得在甲方房屋内的墙壁和家私电器上钉钉子或粘贴物品。乙方因使用需要对房屋进行扩、加、改建（含改变间隔）或者室内外装修，应经甲方书面同意和订立书面合约。乙方发现房屋及其设备自然损坏的，应及时通知甲方并积极配合甲方检查和维修。如因乙方过错延误维修而造成他人伤害、财产损失的，乙方负责赔偿；因乙方使用不当或者人为造成房屋及其设备损坏的，乙方应负责修复或赔偿。乙方是安全、防火责任人，在租住期间，对本物业的安全负全责，不得贮存有危险、易燃、违禁物品。乙方保证安全居住，遵纪守法，如有违反，乙方须负全部法律责任，如因此产生甲方权益受到侵害或牵连，乙方必须负责全部赔偿。

第十二条　如物业内的设备损坏既有设备自然损耗的原因，也有乙方正常使用的因素的，则由甲乙双方协商解决，可采用由乙方配合甲方检查和维修，检查和维修费用由甲乙双方平分的方式解决。

第十三条　租赁期间，甲乙双方任何一方如需提前解除合同的，必须征得另一方的同意。否则，按如下方式处理：甲方提前收回该物业的，需提前一个月通知乙方,并赔偿乙方双倍租赁保证金(含原租赁保证金);乙方提前退租的,甲方有权没收全部租赁保证金,乙方还需要按合同约定结清一切使用性质的费用后按本合同约定交回物业给甲方。

第十四条 乙方有下列情况行为之一的,甲方有权终止本合同,收回物业,没收保证金,并有权将该物业另行出租;因此造成损失的,由乙方赔偿经济损失:1. 未征得甲方同意,擅自将该物业转租、分租给他人使用或调换使用的;2. 利用该物业进行违法活动的;3. 拖欠租金或相关费用超过七天;4. 未征得甲方及物业管理部门同意,擅自改变物业房屋结构和用途的;5. 故意损坏该物业的。

第十五条 租赁期满,乙方如要继续承租该物业,必须在租赁期满前一个月向甲方提出,双方再协商重订新合同。甲乙双方未续订合同的,乙方必须准时交出房屋;如因拖延等原因使甲方不能准时收回房屋的,则每逾期七天,房租加倍。

第十六条 租赁合同期满或提前终止,双方应共同检查交接房屋和设备,如发现有损坏的(正常损耗除外),则在乙方租赁保证金中扣除,不足部分由乙方负责赔偿,同时乙方必须迁出并将自置家具、杂物全部搬走,将房屋清理成入住时的完整程度,否则超出叁天后,将视为乙方对余下物品放弃权利,由甲方全权处理,乙方不得有任何异议。

第十七条 租赁期间,房屋遭受不可抗拒的自然灾害导致毁灭,本租约则自然终止,互不承担责任。房产发生重大损失或倾倒危险的,甲方应负责修缮;甲方不修缮的,乙方可提出退房或代甲方修缮,并以修缮费用抵销租金。

第十八条 本合同一式三份,甲方、乙方和房地产中介服务方各执一份,各份内容必须一致,具有同等法律效力,经三方签章后生效。

第十九条 三方确认,房地产中介服务方与甲方或乙方签订的任何协议,或者房地产中介服务方出具的任何声明、承诺书等文件,必须加盖房地产中介服务方的公章方可生效。

第二十条 无论本合同是否履行,如甲方、乙方或房地产中介服务方任何两方或三方发生争议且无法协商解决的，应向合同履行地即该物业所在地人民法院提起诉讼。

第二十一条　三方约定的其他事项（对上述条款的修改或补充）：
_____
_____
_____

（备注：1. 甲乙双方确认均已清楚了解合同条款的内容及含义，并自愿接受合同条款的约束，同时，甲乙双方并确认房地产中介服务方已告知租赁该房产需按照有关规定在本合同签订后的三天内到房管部门办理租赁登记手续。2. 房地产中介服务方对未加盖公司业务章和财务章的合同和收据概不认可！3. 如房地产经纪人私下收取客户款项则涉嫌违规犯罪，客户有权向公司举报。4. 本合同不作为合同各方当事人已向房地产中介服务方支付中介服务费的凭证，是否付款应以房地产中介服务方盖章的收款收据为准。）

甲方签章：_____
联系电话：_____

乙方签章：_____
联系电话：_____

房地产中介服务方：_____
房地产经纪人：_____
联系电话：_____
日期：_____年_____月_____日

5. 房屋家私电器清单

房屋家私电器清单

房屋地址：_____

1) 房屋电器清单

电器名称	品牌	数量	备注	电器名称	品牌	数量	备注
客厅空调		台		电磁炉		台	
房间空调		台		燃气灶		台	
房间空调		台		微波炉		台	
房间空调		台		抽油烟机		台	
客厅电视		台		干衣机		台	
房间电视		台		冰箱		台	
房间电视		台		洗衣机		台	
音响		套		消毒碗柜		台	
影碟机		台		风扇		台	
电视机顶盒		台		抽湿机		台	
电话机		台		电饭锅		台	
热水器		台		烤箱		台	
饮水机		台		煤气瓶		个	
电插板		个					

说明：1. 所有电视和空调都含遥控器；2. 以中文大写填写数量。

2) 房屋家私清单

家私名称	数量	备注	家私名称	数量	备注	家私名称	数量	备注
沙发	套		餐桌	张		床	张	
电视柜	个		餐椅	张		床垫	张	
茶几	个		酒柜矮柜	个		床头柜	张	
角几	个		橱柜	个		梳妆台	张	
组合柜	个		鞋柜	个		衣柜	个	
客厅挂画	幅		电脑桌	个		IC门磁卡	张	
客厅窗帘	张		地毯	张		大门钥匙	把	
房间窗帘	张		落地灯	个		房间钥匙	把	
吊灯	个		台灯	个				

甲方签章确认：_____ 乙方签章确认：_____

日期：___年___月___日 日期：___年___月___日

6. 房屋钥匙收据

看房钥匙收据

编号：_____

兹收到_____（□先生/□女士）交来位于_____栋/号_____房屋钥匙_____条，作为委托_____带客户看房之用，联系电话_____。

备注：□租/□售　价格：_____　面积：_____　格局：_____

其他：_____。

业主确认：_____

经手人：_____

收匙时间：_____

注：业主须凭此房屋钥匙收据取回钥匙。业主已自行配置备用钥匙，此收据不能证明业主房屋中一切可能产生的损失源于本收据中的钥匙。

××房产中介地址：_____。

7. 客户信息登记表

客户信息登记表

姓名		年龄	
联系电话		性别	
家庭住址			
需求			
地段		房型	
价格		是否贷款	
楼层		朝向	
急迫度			
有无其他要求			
是否看过其他房源			

日期：_____　房地产经纪人：_____

8. 来电客户信息登记表

来电客户信息登记表

时 间	客户姓氏（姓名）	性 别	联系方式	需求描述	备 注

房地产经纪人：_____　　　　　日期：_____

9. 求购客户登记跟进表

<h3 style="text-align:center">求购客户登记跟进表</h3>

房地产经纪人：_____

	姓名		客户类型			
	联系方式		住址：			
客户需求	地段		面积		户型	
	朝向		结构	框架（ ） 混合（ ）	楼层		装修	
	价位	万元	年限		付款方式	一次性（ ）按揭（ ）
	职业		年龄		个人爱好	
	其他					
客户分析	决策权		动机		财务能力	
营销计划						
跟进情况	时间	推荐房源情况		编号	带看时间	客户反馈
总结						
售后服务	签约时间		交易时间		缴税时间	
	备注					

第3节　房地产中介相关的法律法规

1. 房地产经纪管理办法（2016年版）

房地产经纪管理办法（2016年版）

第一章　总　则

第一条　为了规范房地产经纪活动，保护房地产交易及经纪活动当事人的合法权益，促进房地产市场健康发展，根据《中华人民共和国城市房地产管理法》、《中华人民共和国合同法》等法律法规，制定本办法。

第二条　在中华人民共和国境内从事房地产经纪活动，应当遵守本办法。

第三条　本办法所称房地产经纪，是指房地产经纪机构和房地产经纪人员为促成房地产交易，向委托人提供房地产居间、代理等服务并收取佣金的行为。

第四条　从事房地产经纪活动应当遵循自愿、平等、公平和诚实信用的原则，遵守职业规范，恪守职业道德。

第五条　县级以上人民政府建设（房地产）主管部门、价格主管部门、人力资源和社会保障主管部门应当按照职责分工，分别负责房地产经纪活动的监督和管理。

第六条　房地产经纪行业组织应当按照章程实行自律管理，向有关部门反映行业发展的意见和建议，促进房地产经纪行业发展和人员素质提高。

第二章　房地产经纪机构和人员

第七条　本办法所称房地产经纪机构，是指依法设立，从事房地产经纪活动的中介服务机构。

房地产经纪机构可以设立分支机构。

第八条 设立房地产经纪机构和分支机构，应当具有足够数量的房地产经纪人员。

本办法所称房地产经纪人员，是指从事房地产经纪活动的房地产经纪人和房地产经纪人协理。

房地产经纪机构和分支机构与其招用的房地产经纪人员，应当按照《中华人民共和国劳动合同法》的规定签订劳动合同。

第九条 国家对房地产经纪人员实行职业资格制度，纳入全国专业技术人员职业资格制度统一规划和管理。

第十条 房地产经纪人协理和房地产经纪人职业资格实行全国统一大纲、统一命题、统一组织的考试制度，有房地产经纪行业组织负责管理和实施考试工作，原则上每年举行一次考试。国务院住房城乡建设主管部门、人力资源社会保障部门负责对房地产经纪人协理和房地产经纪人职业资格考试进行指导、监督和检查。

第十一条 房地产经纪机构及其分支机构应当自领取营业执照之日起30日内，到所在直辖市、市、县人民政府建设（房地产）主管部门备案。

第十二条 直辖市、市、县人民政府建设（房地产）主管部门应当将房地产经纪机构及其分支机构的名称、住所、法定代表人（执行合伙人）或者负责人、注册资本、房地产经纪人员等备案信息向社会公示。

第十三条 房地产经纪机构及其分支机构变更或者终止的，应当自变更或者终止之日起30日内，办理备案变更或者注销手续。

第三章 房地产经纪活动

第十四条 房地产经纪业务应当由房地产经纪机构统一承接，服务报酬由房地产经纪机构统一收取。分支机构应当以设立该分支机构的房地产经纪机构名义承揽业务。

房地产经纪人员不得以个人名义承接房地产经纪业务和收取费用。

第十五条 房地产经纪机构及其分支机构应当在其经营场所醒目位置公示下列内容：

（一）营业执照和备案证明文件；

（二）服务项目、内容、标准；

（三）业务流程；

（四）收费项目、依据、标准；

（五）交易资金监管方式；

（六）信用档案查询方式、投诉电话及12358价格举报电话；

（七）政府主管部门或者行业组织制定的房地产经纪服务合同、房屋买卖合同、房屋租赁合同示范文本；

（八）法律、法规、规章规定的其他事项。

分支机构还应当公示设立该分支机构的房地产经纪机构的经营地址及联系方式。

房地产经纪机构代理销售商品房项目的，还应当在销售现场明显位置明示商品房销售委托书和批准销售商品房的有关证明文件。

第十六条 房地产经纪机构接受委托提供房地产信息、实地看房、代拟合同等房地产经纪服务的，应当与委托人签订书面房地产经纪服务合同。

房地产经纪服务合同应当包含下列内容：

（一）房地产经纪服务双方当事人的姓名（名称）、住所等情况和从事业务的房地产经纪人员情况；

（二）房地产经纪服务的项目、内容、要求以及完成的标准；

（三）服务费用及其支付方式；

（四）合同当事人的权利和义务；

（五）违约责任和纠纷解决方式。

建设（房地产）主管部门或者房地产经纪行业组织可以制定房地产经纪服务合同示范文本，供当事人选用。

第十七条 房地产经纪机构提供代办贷款、代办房地产登记等其他服务的，应当向委托人说明服务内容、收费标准等情况，经委托人同意后，另行签订合同。

第十八条 房地产经纪服务实行明码标价制度。房地产经纪机构应当遵守价格法律、法规和规章规定，在经营场所醒目位置标明房地产经纪服务项目、服务内容、收费标准以及相关房地产价格和信息。

房地产经纪机构不得收取任何未予标明的费用；不得利用虚假或者使人误解的标价内容和标价方式进行价格欺诈；一项服务可以分解为多个项目和标准的，应当明确标示每一个项目和标准，不得混合标价、捆绑标价。

第十九条　房地产经纪机构未完成房地产经纪服务合同约定事项，或者服务未达到房地产经纪服务合同约定标准的，不得收取佣金。

两家或者两家以上房地产经纪机构合作开展同一宗房地产经纪业务的，只能按照一宗业务收取佣金，不得向委托人增加收费。

第二十条　房地产经纪机构签订的房地产经纪服务合同，应当加盖房地产经纪机构印章，并由从事该业务的一名房地产经纪人或者两名房地产经纪人协理签名。

第二十一条　房地产经纪机构签订房地产经纪服务合同前，应当向委托人说明房地产经纪服务合同和房屋买卖合同或者房屋租赁合同的相关内容，并书面告知下列事项：

（一）是否与委托房屋有利害关系；

（二）应当由委托人协助的事宜、提供的资料；

（三）委托房屋的市场参考价格；

（四）房屋交易的一般程序及可能存在的风险；

（五）房屋交易涉及的税费；

（六）经纪服务的内容及完成标准；

（七）经纪服务收费标准和支付时间；

（八）其他需要告知的事项。

房地产经纪机构根据交易当事人需要提供房地产经纪服务以外的其他服务的，应当事先经当事人书面同意并告知服务内容及收费标准。书面告知材料应当经委托人签名（盖章）确认。

第二十二条　房地产经纪机构与委托人签订房屋出售、出租经纪服务合同，应当查看委托出售、出租的房屋及房屋权属证书，委托人的身份证明等有关资料,并应当编制房屋状况说明书。经委托人书面同意后,方可以对外发布相应的房源信息。

房地产经纪机构与委托人签订房屋承购、承租经纪服务合同,应当查看委托人身份证明等有关资料。

第二十三条 委托人与房地产经纪机构签订房地产经纪服务合同,应当向房地产经纪机构提供真实有效的身份证明。委托出售、出租房屋的,还应当向房地产经纪机构提供真实有效的房屋权属证书。委托人未提供规定资料或者提供资料与实际不符的,房地产经纪机构应当拒绝接受委托。

第二十四条 房地产交易当事人约定由房地产经纪机构代收代付交易资金的,应当通过房地产经纪机构在银行开设的客户交易结算资金专用存款账户划转交易资金。

交易资金的划转应当经过房地产交易资金支付方和房地产经纪机构的签字和盖章。

第二十五条 房地产经纪机构和房地产经纪人员不得有下列行为:

(一)捏造散布涨价信息,或者与房地产开发经营单位串通捂盘惜售、炒卖房号,操纵市场价格;

(二)对交易当事人隐瞒真实的房屋交易信息,低价收进高价卖(租)出房屋赚取差价;

(三)以隐瞒、欺诈、胁迫、贿赂等不正当手段招揽业务,诱骗消费者交易或者强制交易;

(四)泄露或者不当使用委托人的个人信息或者商业秘密,谋取不正当利益;

(五)为交易当事人规避房屋交易税费等非法目的,就同一房屋签订不同交易价款的合同提供便利;

(六)改变房屋内部结构分割出租;

(七)侵占、挪用房地产交易资金;

(八)承购、承租自己提供经纪服务的房屋;

(九)为不符合交易条件的保障性住房和禁止交易的房屋提供经纪

服务；

（十）法律、法规禁止的其他行为。

第二十六条 房地产经纪机构应当建立业务记录制度，如实记录业务情况。

房地产经纪机构应当保存房地产经纪服务合同，保存期不少于5年。

第二十七条 房地产经纪行业组织应当制定房地产经纪从业规程，逐步建立并完善资信评价体系和房地产经纪房源、客源信息共享系统。

第四章 监督管理

第二十八条 建设（房地产）主管部门、价格主管部门应当通过现场巡查、合同抽查、投诉受理等方式，采取约谈、记入信用档案、媒体曝光等措施，对房地产经纪机构和房地产经纪人员进行监督。

房地产经纪机构违反人力资源和社会保障法律法规的行为，由人力资源和社会保障主管部门依法予以查处。

被检查的房地产经纪机构和房地产经纪人员应当予以配合，并根据要求提供检查所需的资料。

第二十九条 建设（房地产）主管部门、价格主管部门、人力资源和社会保障主管部门应当建立房地产经纪机构和房地产经纪人员信息共享制度。建设（房地产）主管部门应当定期将备案的房地产经纪机构情况通报同级价格主管部门、人力资源和社会保障主管部门。

第三十条 直辖市、市、县人民政府建设（房地产）主管部门应当构建统一的房地产经纪网上管理和服务平台，为备案的房地产经纪机构提供下列服务：

（一）房地产经纪机构备案信息公示；

（二）房地产交易与登记信息查询；

（三）房地产交易合同网上签订；

（四）房地产经纪信用档案公示；

（五）法律、法规和规章规定的其他事项。

经备案的房地产经纪机构可以取得网上签约资格。

第三十一条 县级以上人民政府建设（房地产）主管部门应当建立房地产经纪信用档案，并向社会公示。

县级以上人民政府建设（房地产）主管部门应当将在日常监督检查中发现的房地产经纪机构和房地产经纪人员的违法违规行为、经查证属实的被投诉举报记录等情况，作为不良信用记录记入其信用档案。

第三十二条 房地产经纪机构和房地产经纪人员应当按照规定提供真实、完整的信用档案信息。

第五章　法律责任

第三十三条 违反本办法，有下列行为之一的，由县级以上地方人民政府建设（房地产）主管部门责令限期改正，记入信用档案；对房地产经纪人员处以1万元罚款；对房地产经纪机构处以1万元以上3万元以下罚款：

（一）房地产经纪人员以个人名义承接房地产经纪业务和收取费用的；

（二）房地产经纪机构提供代办贷款、代办房地产登记等其他服务，未向委托人说明服务内容、收费标准等情况，并未经委托人同意的；

（三）房地产经纪服务合同未由从事该业务的一名房地产经纪人或者两名房地产经纪人协理签名的；

（四）房地产经纪机构签订房地产经纪服务合同前，不向交易当事人说明和书面告知规定事项的；

（五）房地产经纪机构未按照规定如实记录业务情况或者保存房地产经纪服务合同的。

第三十四条 违反本办法第十八条、第十九条、第二十五条第（一）项、第（二）项，构成价格违法行为的，由县级以上人民政府价格主管部门按照价格法律、法规和规章的规定，责令改正、没收违法所得、依法处以罚款；情节严重的，依法给予停业整顿等行政处罚。

第三十五条 违反本办法第二十二条，房地产经纪机构擅自对外发布房源信息的，由县级以上地方人民政府建设（房地产）主管部门责令限期改正，记入信用档案，取消网上签约资格，并处以1万元以上3万元以下罚款。

第三十六条 违反本办法第二十四条，房地产经纪机构擅自划转客户交易结算资金的，由县级以上地方人民政府建设（房地产）主管部门责令限期改正，取消网上签约资格，处以3万元罚款。

第三十七条 违反本办法第二十五条第（三）项、第（四）项、第（五）项、第（六）项、第（七）项、第（八）项、第（九）项、第（十）项的，由县级以上地方人民政府建设（房地产）主管部门责令限期改正，记入信用档案；对房地产经纪人员处以1万元罚款；对房地产经纪机构，取消网上签约资格，处以3万元罚款。

第三十八条 县级以上人民政府建设（房地产）主管部门、价格主管部门、人力资源和社会保障主管部门的工作人员在房地产经纪监督管理工作中，玩忽职守、徇私舞弊、滥用职权的，依法给予处分；构成犯罪的，依法追究刑事责任。

第六章 附 则

第三十九条 各地可以依据本办法制定实施细则。

第四十条 本办法自2011年4月1日起施行。

2. 关于房地产中介服务收费的通知（1995年版）

关于房地产中介服务收费的通知（1995年版）

国家计委建设部计价格〔1995〕971号，自1995年7月17日起施行

各省、自治区、直辖市物价局（委员会）、房管局（建设厅），北京、天津、上海市房地产管理局：

为规范房地产中介服务收费行为，维护房地产中介服务当事人的合法权益，建立房地产中介服务收费正常的市场秩序，现就房地产中介服务收费的有关问题通知如下：

一、凡依法设立并具备房地产中介资格的房地产咨询、房地产价格评

估、房地产经纪等中介服务机构,为企事业单位、社会团体和其他社会组织、公民及外国当事人提供有关房地产开发投资、经营管理、消费等方面的中介服务,可向委托人收取合理的费用。

二、房地产中介服务收费是房地产交易市场重要的经营性服务收费。中介服务机构应当本着合理、公开、诚实信用的原则,接受自愿委托,双方签订合同,依据本通知规定的收费标准,由中介服务机构与委托方协商确定中介服务费。

三、房地产中介服务收费实行明码标价制度。中介服务机构应当在其经营场所或交缴费用的地点的醒目位置公布其收费项目、服务内容、计费方法、收费标准等事项。

房地产中介服务机构在接受当事人委托时应当主动向当事人介绍有关中介服务的价格及服务内容等情况。

四、房地产中介服务机构可应委托人要求,提供有关房地产政策、法规、技术等咨询服务,收取房地产咨询费。

房地产咨询费按服务形式,分为口头咨询费和书面咨询费两种。

口头咨询费,按照咨询服务所需时间结合咨询人员专业技术等级由双方协商议定收费标准。

书面咨询费,按照咨询报告的技术难度、工作繁简结合标的额大小计收。普遍咨询报告,每份收费300~1000元;技术难度大、情况复杂、耗用人员和时间较多的咨询报告,可适当提高收费标准,收费标准一般不超过咨询标的额的0.5%。

以上收费标准,属指导性参考价格。实际成交收费标准,由委托方与中介机构协商议定。

五、房地产价格评估收费,由具备房地产估价资格并经房地产行政主管部门、物价主管部门确认的机构按规定的收费标准计收。

以房地产为主的房地产价格评估费,区别不同情况,按照房地产的价格总额采取差额定率分档累进计收。具体收费标准见附表。

土地价格评估的收费标准,按国家计委、国家土地局《关于土地价格评估收费的通知》的有关规定执行。

六、房地产经纪收费是房地产业房地产经纪人接受委托,进行居间代理所收取的佣金。房地产经纪费根据代理项目的不同实行不同的收费标准。

房屋租赁代理收费,无论成交的租赁期限长短,均按半月至一月成交租金额标准,由双方协商议定一次性计收。

房屋买卖代理收费,按成交价格总额的0.5%~2.5%计收。

实行独家代理的,收费标准由委托方与房地产中介机构协商,可适当提高,但最高不超过成交价格的3%。

土地使用权转让代理收费办法和标准另行规定。

房地产经纪费由房地产经纪机构向委托人收取。

七、上述规定的房地产价格评估、房地产经纪收费为最高限标准。各省、自治区、直辖市物价、房地产行政主管部门可依据本通知制定当地具体执行的收费标准,报国家计委、建设部备案。对经济特区的收费标准可适当规定高一些,但最高不得超过上述收费标准的30%。

八、各地区、各部门和房地产中介服务机构应严格执行物价部门规定的收费原则和收费标准,切实提供质价相称的服务。

凡中介服务机构资格应经确认而未经确认、自立名目乱收费、擅自提高收费标准或越权制定、调整收费标准的,属于价格违法行为,由物价检查机构按有关法规予以处罚。

九、本通知下达以前有关规定凡与本通知相抵触的,一律以本通知为准。

1995年7月17日

附表:以房产为主的房地产价格评估收费标准计算表

档次	房地产价格总额(万元)	累进计费率(%)
1	100以下(含100)	5
2	101以上至1000	2.5
3	1001以上至2000	1.5
4	2001以上至5000	0.8
5	5001以上至8000	0.4
6	8001以上至10000	0.2
7	10000以上	0.1

3. 中华人民共和国城市房地产管理法（2007版）

中华人民共和国城市房地产管理法（2007版）

（全国人民代表大会常务委员会，自1995年1月1日起施行，
2007年8月30日修正）

第一章 总 则

第一条 为了加强对城市房地产的管理，维护房地产市场秩序，保障房地产权利人的合法权益，促进房地产业的健康发展，制定本法。

第二条 在中华人民共和国城市规划区国有土地（以下简称国有土地）范围内取得房地产开发用地的土地使用权，从事房地产开发、房地产交易，实施房地产管理，应当遵守本法。

本法所称房屋，是指土地上的房屋等建筑物及构筑物。

本法所称房地产开发，是指在依据本法取得国有土地使用权的土地上进行基础设施、房屋建设的行为。

本法所称房地产交易，包括房地产转让、房地产抵押和房屋租赁。

第三条 国家依法实行国有土地有偿、有限期使用制度。但是，国家在本法规定的范围内划拨国有土地使用权的除外。

第四条 国家根据社会、经济发展水平，扶持发展居民住宅建设，逐步改善居民的居住条件。

第五条 房地产权利人应当遵守法律和行政法规，依法纳税。房地产权利人的合法权益受法律保护，任何单位和个人不得侵犯。

第六条 为了公共利益的需要，国家可以征收国有土地上单位和个人的房屋，并依法给予拆迁补偿，维护被征收人的合法权益；征收个人住宅的，还应当保障被征收人的居住条件。具体办法由国务院规定。

第七条 国务院建设行政主管部门、土地管理部门依照国务院规定的职权划分，各司其职，密切配合，管理全国房地产工作。

县级以上地方人民政府房产管理、土地管理部门的机构设置及其职权由

省、自治区、直辖市人民政府确定。

第二章 房地产开发用地

第一节 土地使用权出让

第八条 土地使用权出让，是指国家将国有土地使用权（以下简称土地使用权）在一定年限内出让给土地使用者，由土地使用者向国家支付土地使用权出让金的行为。

第九条 城市规划区内的集体所有的土地，经依法征用转为国有土地后，该幅国有土地的使用权方可有偿出让。

第十条 土地使用权出让，必须符合土地利用总体规划、城市规划和年度建设用地计划。

第十一条 县级以上地方人民政府出让土地使用权用于房地产开发的，须根据省级以上人民政府下达的控制指标拟订年度出让土地使用权总面积方案，按照国务院规定，报国务院或者省级人民政府批准。

第十二条 土地使用权出让，由市、县人民政府有计划、有步骤地进行。出让的每幅地块、用途、年限和其他条件，由市、县人民政府土地管理部门会同城市规划、建设、房产管理部门共同拟定方案，按照国务院规定，报经有批准权的人民政府批准后，由市、县人民政府土地管理部门实施。

直辖市的县人民政府及其有关部门行使前款规定的权限，由直辖市人民政府规定。

第十三条 土地使用权出让，可以采取拍卖、招标或者双方协议的方式。

商业、旅游、娱乐和豪华住宅用地，有条件的，必须采取拍卖、招标方式；没有条件，不能采取拍卖、招标方式的，可以采取双方协议的方式。

采取双方协议方式出让土地使用权的出让金不得低于按国家规定所确定的最低价。

第十四条 土地使用权出让最高年限由国务院规定。

第十五条 土地使用权出让，应当签订书面出让合同。

土地使用权出让合同由市、县人民政府土地管理部门与土地使用者签订。

第十六条　土地使用者必须按照出让合同约定，支付土地使用权出让金；未按照出让合同约定支付土地使用权出让金的，土地管理部门有权解除合同，并可以请求违约赔偿。

第十七条　土地使用者按照出让合同约定支付土地使用权出让金的，市、县人民政府土地管理部门必须按照出让合同约定，提供出让的土地；未按照出让合同约定提供出让的土地的，土地使用者有权解除合同，由土地管理部门返还土地使用权出让金，土地使用者并可以请求违约赔偿。

第十八条　土地使用者需要改变土地使用权出让合同约定的土地用途的，必须取得出让方和市、县人民政府城市规划行政主管部门的同意，签订土地使用权出让合同变更协议或者重新签订土地使用权出让合同，相应调整土地使用权出让金。

第十九条　土地使用权出让金应当全部上缴财政，列入预算，用于城市基础设施建设和土地开发。土地使用权出让金上缴和使用的具体办法由国务院规定。

第二十条　国家对土地使用者依法取得的土地使用权，在出让合同约定的使用年限届满前不收回；在特殊情况下，根据社会公共利益的需要，可以依照法律程序提前收回，并根据土地使用者使用土地的实际年限和开发土地的实际情况给予相应的补偿。

第二十一条　土地使用权因土地灭失而终止。

第二十二条　土地使用权出让合同约定的使用年限届满，土地使用者需要继续使用土地的，应当至迟于届满前一年申请续期，除根据社会公共利益需要收回该幅土地的，应当予以批准。经批准准予续期的，应当重新签订土地使用权出让合同，依照规定支付土地使用权出让金。

土地使用权出让合同约定的使用年限届满，土地使用者未申请续期或者虽申请续期但依照前款规定未获批准的，土地使用权由国家无偿收回。

第二节　土地使用权划拨

第二十三条　土地使用权划拨，是指县级以上人民政府依法批准，在土地使用者缴纳补偿、安置等费用后将该幅土地交付其使用，或者将土地使用权无偿交付给土地使用者使用的行为。

依照本法规定以划拨方式取得土地使用权的，除法律、行政法规另有规定外，没有使用期限的限制。

第二十四条　下列建设用地的土地使用权，确属必需的，可以由县级以上人民政府依法批准划拨：

（一）国家机关用地和军事用地；

（二）城市基础设施用地和公益事业用地；

（三）国家重点扶持的能源、交通、水利等项目用地；

（四）法律、行政法规规定的其他用地。

第三章　房地产开发

第二十五条　房地产开发必须严格执行城市规划，按照经济效益、社会效益、环境效益相统一的原则，实行全面规划、合理布局、综合开发、配套建设。

第二十六条　以出让方式取得土地使用权进行房地产开发的，必须按照土地使用权出让合同约定的土地用途、动工开发期限开发土地。超过出让合同约定的动工开发日期满一年未动工开发的，可以征收相当于土地使用权出让金百分之二十以下的土地闲置费；满二年未动工开发的，可以无偿收回土地使用权；但是，因不可抗力或者政府、政府有关部门的行为或者动工开发必需的前期工作造成动工开发迟延的除外。

第二十七条　房地产开发项目的设计、施工，必须符合国家的有关标准和规范。

房地产开发项目竣工，经验收合格后，方可交付使用。

第二十八条　依法取得的土地使用权，可以依照本法和有关法律、行政法规的规定，作价入股，合资、合作开发经营房地产。

第二十九条　国家采取税收等方面的优惠措施鼓励和扶持房地产开发企业开发建设居民住宅。

第三十条 房地产开发企业是以营利为目的,从事房地产开发和经营的企业。设立房地产开发企业,应当具备下列条件:

(一) 有自己的名称和组织机构;

(二) 有固定的经营场所;

(三) 有符合国务院规定的注册资本;

(四) 有足够的专业技术人员;

(五) 法律、行政法规规定的其他条件。

设立房地产开发企业,应当向工商行政管理部门申请设立登记。工商行政管理部门对符合本法规定条件的,应当予以登记,发给营业执照;对不符合本法规定条件的,不予登记。

设立有限责任公司、股份有限公司,从事房地产开发经营的,还应当执行公司法的有关规定。

房地产开发企业在领取营业执照后的一个月内,应当到登记机关所在地的县级以上地方人民政府规定的部门备案。

第三十一条 房地产开发企业的注册资本与投资总额的比例应当符合国家有关规定。

房地产开发企业分期开发房地产的,分期投资额应当与项目规模相适应,并按照土地使用权出让合同的约定,按期投入资金,用于项目建设。

第四章 房地产交易

第一节 一般规定

第三十二条 房地产转让、抵押时,房屋的所有权和该房屋占用范围内的土地使用权同时转让、抵押。

第三十三条 基准地价、标定地价和各类房屋的重置价格应当定期确定并公布。具体办法由国务院规定。

第三十四条 国家实行房地产价格评估制度。

房地产价格评估,应当遵循公正、公平、公开的原则,按照国家规定的技术标准和评估程序,以基准地价、标定地价和各类房屋的重置价格为基础，参照当地的市场价格进行评估。

第三十五条　国家实行房地产成交价格申报制度。

房地产权利人转让房地产，应当向县级以上地方人民政府规定的部门如实申报成交价，不得瞒报或者作不实的申报。

第三十六条　房地产转让、抵押，当事人应当依照本法第五章的规定办理权属登记。

第二节　房地产转让

第三十七条　房地产转让，是指房地产权利人通过买卖、赠与或者其他合法方式将其房地产转移给他人的行为。

第三十八条　下列房地产，不得转让：

（一）以出让方式取得土地使用权的，不符合本法第三十九条规定的条件的；

（二）司法机关和行政机关依法裁定、决定查封或者以其他形式限制房地产权利的；

（三）依法收回土地使用权的；

（四）共有房地产，未经其他共有人书面同意的；

（五）权属有争议的；

（六）未依法登记领取权属证书的；

（七）法律、行政法规规定禁止转让的其他情形。

第三十九条　以出让方式取得土地使用权的，转让房地产时，应当符合下列条件：

（一）按照出让合同约定已经支付全部土地使用权出让金，并取得土地使用权证书；

（二）按照出让合同约定进行投资开发，属于房屋建设工程的，完成开发投资总额的百分之二十五以上，属于成片开发土地的，形成工业用地或者其他建设用地条件。

转让房地产时房屋已经建成的，还应当持有房屋所有权证书。

第四十条　以划拨方式取得土地使用权的，转让房地产时，应当按照国务院规定，报有批准权的人民政府审批。有批准权的人民政府准予转让的，应当由受让方办理土地使用权出让手续，并依照国家有关规定缴纳土地使用权出让金。

以划拨方式取得土地使用权的，转让房地产报批时，有批准权的人民政府按照国务院规定决定可以不办理土地使用权出让手续的，转让方应当按照国务院规定将转让房地产所获收益中的土地收益上缴国家或者作其他处理。

第四十一条 房地产转让，应当签订书面转让合同，合同中应当载明土地使用权取得的方式。

第四十二条 房地产转让时，土地使用权出让合同载明的权利、义务随之转移。

第四十三条 以出让方式取得土地使用权的，转让房地产后，其土地使用权的使用年限为原土地使用权出让合同约定的使用年限减去原土地使用者已经使用年限后的剩余年限。

第四十四条 以出让方式取得土地使用权的，转让房地产后，受让人改变原土地使用权出让合同约定的土地用途的，必须取得原出让方和市、县人民政府城市规划行政主管部门的同意，签订土地使用权出让合同变更协议或者重新签订土地使用权出让合同，相应调整土地使用权出让金。

第四十五条 商品房预售，应当符合下列条件：

（一）已交付全部土地使用权出让金，取得土地使用权证书；

（二）持有建设工程规划许可证；

（三）按提供预售的商品房计算，投入开发建设的资金达到工程建设总投资的百分之二十五以上，并已经确定施工进度和竣工交付日期；

（四）向县级以上人民政府房产管理部门办理预售登记，取得商品房预售许可证明。

商品房预售人应当按照国家有关规定将预售合同报县级以上人民政府房产管理部门和土地管理部门登记备案。

商品房预售所得款项，必须用于有关的工程建设。

第四十六条 商品房预售的，商品房预购人将购买的未竣工的预售商品房再行转让的问题，由国务院规定。

第三节　房地产抵押

第四十七条　房地产抵押，是指抵押人以其合法的房地产以不转移占有的方式向抵押权人提供债务履行担保的行为。债务人不履行债务时，抵押权人有权依法以抵押的房地产拍卖所得的价款优先受偿。

第四十八条　依法取得的房屋所有权连同该房屋占用范围内的土地使用权，可以设定抵押权。

以出让方式取得的土地使用权，可以设定抵押权。

第四十九条　房地产抵押，应当凭土地使用权证书、房屋所有权证书办理。

第五十条　房地产抵押，抵押人和抵押权人应当签订书面抵押合同。

第五十一条　设定房地产抵押权的土地使用权是以划拨方式取得的，依法拍卖该房地产后，应当从拍卖所得的价款中缴纳相当于应缴纳的土地使用权出让金的款额后，抵押权人方可优先受偿。

第五十二条　房地产抵押合同签订后，土地上新增的房屋不属于抵押财产。需要拍卖该抵押的房地产时，可以依法将土地上新增的房屋与抵押财产一同拍卖，但对拍卖新增房屋所得，抵押权人无权优先受偿。

第四节　房屋租赁

第五十三条　房屋租赁，是指房屋所有权人作为出租人将其房屋出租给承租人使用，由承租人向出租人支付租金的行为。

第五十四条　房屋租赁，出租人和承租人应当签订书面租赁合同，约定租赁期限、租赁用途、租赁价格、修缮责任等条款，以及双方的其他权利和义务，并向房产管理部门登记备案。

第五十五条　住宅用房的租赁，应当执行国家和房屋所在城市人民政府规定的租赁政策。租用房屋从事生产、经营活动的，由租赁双方协商议定租金和其他租赁条款。

第五十六条　以营利为目的，房屋所有权人将以划拨方式取得使用权的国有土地上建成的房屋出租的，应当将租金中所含土地收益上缴国家。具体办法由国务院规定。

第五节　中介服务机构

第五十七条　房地产中介服务机构包括房地产咨询机构、房地产价格评估机构、房地产经纪机构等。

第五十八条　房地产中介服务机构应当具备下列条件：

（一）有自己的名称和组织机构；

（二）有固定的服务场所；

（三）有必要的财产和经费；

（四）有足够数量的专业人员；

（五）法律、行政法规规定的其他条件。

设立房地产中介服务机构，应当向工商行政管理部门申请设立登记，领取营业执照后，方可开业。

第五十九条　国家实行房地产价格评估人员资格认证制度。

第五章　房地产权属登记管理

第六十条　国家实行土地使用权和房屋所有权登记发证制度。

第六十一条　以出让或者划拨方式取得土地使用权，应当向县级以上地方人民政府土地管理部门申请登记，经县级以上地方人民政府土地管理部门核实，由同级人民政府颁发土地使用权证书。

在依法取得的房地产开发用地上建成房屋的，应当凭土地使用权证书向县级以上地方人民政府房产管理部门申请登记，由县级以上地方人民政府房产管理部门核实并颁发房屋所有权证书。

房地产转让或者变更时，应当向县级以上地方人民政府房产管理部门申请房产变更登记，并凭变更后的房屋所有权证书向同级人民政府土地管理部门申请土地使用权变更登记，经同级人民政府土地管理部门核实，由同级人民政府更换或者更改土地使用权证书。

法律另有规定的，依照有关法律的规定办理。

第六十二条　房地产抵押时，应当向县级以上地方人民政府规定的部门办理抵押登记。

因处分抵押房地产而取得土地使用权和房屋所有权的，应当依照本章规定办理过户登记。

第六十三条　经省、自治区、直辖市人民政府确定，县级以上地方人民政府由一个部门统一负责房产管理和土地管理工作的，可以制作、颁发统一的房地产权证书，依照本法第六十一条的规定，将房屋的所有权和该房屋占用范围内的土地使用权的确认和变更，分别载入房地产权证书。

第六章　法律责任

第六十四条　违反本法第十一条、第十二条的规定，擅自批准出让或者擅自出让土地使用权用于房地产开发的，由上级机关或者所在单位给予有关责任人员行政处分。

第六十五条　违反本法第三十条的规定，未取得营业执照擅自从事房地产开发业务的，由县级以上人民政府工商行政管理部门责令停止房地产开发业务活动，没收违法所得，可以并处罚款。

第六十六条　违反本法第三十九条第一款的规定转让土地使用权的，由县级以上人民政府土地管理部门没收违法所得，可以并处罚款。

第六十七条　违反本法第四十条第一款的规定转让房地产的，由县级以上人民政府土地管理部门责令缴纳土地使用权出让金，没收违法所得，可以并处罚款。

第六十八条　违反本法第四十五条第一款的规定预售商品房的，由县级以上人民政府房产管理部门责令停止预售活动，没收违法所得，可以并处罚款。

第六十九条　违反本法第五十八条的规定，未取得营业执照擅自从事房地产中介服务业务的，由县级以上人民政府工商行政管理部门责令停止房地产中介服务业务活动，没收违法所得，可以并处罚款。

第七十条　没有法律、法规的依据，向房地产开发企业收费的，上级机关应当责令退回所收取的钱款；情节严重的，由上级机关或者所在单位给予直接责任人员行政处分。

第七十一条 房产管理部门、土地管理部门工作人员玩忽职守、滥用职权,构成犯罪的,依法追究刑事责任;不构成犯罪的,给予行政处分。

房产管理部门、土地管理部门工作人员利用职务上的便利,索取他人财物,或者非法收受他人财物为他人谋取利益,构成犯罪的,依照惩治贪污罪贿赂罪的补充规定追究刑事责任;不构成犯罪的,给予行政处分。

第七章 附 则

第七十二条 在城市规划区外的国有土地范围内取得房地产开发用地的土地使用权,从事房地产开发、交易活动以及实施房地产管理,参照本法执行。

第七十三条 本法自1995年1月1日起施行。